Sagen und Geschichten

aus Göttingen und Umgebung

Einband und Illustrationen
von Ilse Kollmann-Gümmer

Textbearbeitung
von Georg Kollmann

Verlag Göttinger Tageblatt

Text: Georg Kollmann

Illustrationen und Einband: Ilse Kollmann-Gümmer

Herstellung: Druckhaus Göttinger Tageblatt

2. unveränderte Auflage

Printed in Germany

ISBN 3-924781-18-4

INHALT

VORWORT

Wenn das Rumpelstilzchen plötzlich eine feste Heimat hat und der Ort Adelebsen, der eben im Sommer 1990 seine tausendjährige Geschichte mit Glanz und Gloria feiern durfte, angeblich doch älter sein soll als in den Urkunden, dann haben wir es weder mit Märchen noch mit Geschichte, sondern mit Sagen zu tun. Diese Form der volkstümlichen Erzählung, zumeist mündlich überliefert, vermischt auf ganz besondere Weise Dichtung und Wahrheit, verbindet die Wirklichkeit mit unerklärlichen, bisweilen übersinnlichen und phantastischen Elementen.

Da trifft der historische Feldherr Tilly in Göttingen auf einen Wirt, der als Hexer entlarvt wird. Der Bau der Plesse wird mit einem Geschehen von heute kaum glaublicher Grausamkeit verbunden und abgelegene, geheimnisvolle Orte, die den Menschen an sich schon Angst einflößen können, werden noch künstlich betont in ihrem vermeintlichen Schrecken. In unserem rationalen Zeitalter des alltäglich real existierenden Schreckens und der künstlichen Horrorvideos für die, denen der Alltag noch nicht reicht, klingen die Geschichten von eingemauerten Kindern und nächtlich abgeschlagenen Hexenhänden wie das Echo einer sehr fernen Zeit.

Das sind die hier gesammelten Sagen sicherlich auch. Aber ihre Verbindung zur Gegenwart besteht eben doch darin, daß wir in ihnen Orte wiederfinden, die wir alle kennen oder besuchen können: Pfalz Grona und Plesse, Göttingen und Dransfeld, Burg Hanstein und Burg Hardenberg. Es sind Orte, die in unserer regionalen Geschichte eine wichtige Rolle spielen, die über die Geschichte ein Teil unserer südniedersächsischen Identität bilden, kurz: ein Stück Heimat.

Zur Heimat gehören auch die Sagen, die sich um sie ranken. Sie in dieser Zusammenstellung kennenzulernen oder wiederzulesen bringt uns die Heimat, in der wir leben, auf unterhaltsame Weise ein Stück näher. Und auf historische Wahrheit kommt's dabei letztlich gar nicht an.

Hans-Chr. Winters

Die Sage von der Entstehung der Stadt Göttingen

Bevor über Göttingen in der Geschichte berichtet wurde, gab es den Königshof in Grone mit der Burg Grona. Hier trotzte im Jahre 915 Herzog Heinrich dem König Konrad. Die früheste urkundliche Erwähnung Göttingens ist erst danach einer Schenkungsurkunde von Otto I. aus dem Jahre 953 zu entnehmen. In ihr wird unter anderem erwähnt, daß ein Lehnsmann des Königs mit Namen Billing, der später in den Grafenstand erhoben wurde, dem Orte ‚Villa Gutingi' zugehörige Güter an das Moritzkloster in Magdeburg übertragen hat.

Wie eine Sage berichtet, hat dieser Graf Billing mit seiner Gemahlin und seinen Töchtern auf der Burg Grona gewohnt. Doch das Hausen in Einsamkeit auf windiger Bergeshöhe gefiel den Frauen mit der Zeit nicht mehr, zumal der Graf im Dienste des Königs häufig abwesend sein mußte. Besonders schlimm war es für alle stets in den langen Wintermonaten, wenn nicht einmal die Kemenate warm zu bekommen war. Da wies die Gräfin dann oft auf das schöne Leinetal hin und meinte, daß es sich dort unten am Fuße des Hainberges sicher viel besser leben ließe, bis schließlich ihr Mann damit einverstanden war, im Tal einen zweiten Wohnsitz zu errichten.

Um das Haus, das dort erbaut worden war, mußten danach auch für die Bediensteten des Grafen Unterkünfte geschaffen werden, und im Laufe der Zeit siedelten sich dazu Handwerker, Kaufleute und mancherlei anderes Volk an, so daß bald ein ansehnlicher Ort entstand, der den Namen Villa Gutingi erhielt.

Als Otto I. auf einer Reise nach Villa Gutingi kam, gefiel ihm die Gegend so sehr, daß er Besitzungen des Grafen Billing gegen andernorts gelegene Güter tauschte. Danach blieb es nicht aus, daß sich das Dorf durch Förderung des Kaisers ständig vergrößerte und ihm später Stadtrechte verliehen wurden.

Nach Chr. Voigt 1882

Die Dransfelder Hasenmelker und die Göttinger Eselfresser

Einst zog ein Herzog von Braunschweig von Münden mit einem Heer auf Göttingen zu, um die Bürger der Stadt, die ihm ihre Abgaben nicht entrichten wollten, zu bestrafen. Doch die Göttinger warteten eine Belagerung nicht ab, sondern zogen den Braunschweigern entgegen, da sie sich stark genug fühlten, in offener Feldschlacht zu siegen. Da sie zur Verstärkung ihrer eigenen Streitmacht noch viele Landsknechte angeworben hatten, gelang es ihnen auch, das Heer des Herzogs in die Flucht zu schlagen und ihn selbst bis in die Gegend von Dransfeld zu verfolgen, um ihn gefangenzunehmen.

Vor Dransfeld aber kam dem Herzog die Bürgerwehr der Stadt zur Hilfe, und da wendete sich bald das Kriegsglück. Die Göttinger erlitten jetzt eine bittere Niederlage, und aus den Verfolgern wurden Gejagte. Unter erheblichen Verlusten mußten sie sich wieder hinter die Mauern ihrer Stadt zurückziehen.

Zum Dank für seine Rettung aus der Not verlieh der Herzog den Dransfeldern allerlei Rechte, die sie bisher nicht besaßen, zu denen auch das sonst nur dem Adel vorbehaltene Jagdrecht gehörte. Über dieses neue Recht freuten sich am meisten die jungen Männer der Stadt und veranstalteten schleunigst eine Jagd auf dem Hohen Hagen. Aber da sie bisher noch niemals an einer Jagd hatten teilnehmen dürfen, verstanden sie nichts davon. Ja, sie hatten in ihrem Leben sogar noch niemals ein Wild gesehen, und ihre Feinde, die Göttinger, sagten ihnen verächtlich nach, daß ihnen noch nicht einmal ein Hase bekannt sei. Doch das war eine üble Verleumdung, denn die Dransfelder wußten sehr wohl, daß Hasen recht lange Ohren haben.

So ereignete es sich, als die Dransfelder ihren ersten Jagdzug unternahmen, daß sie eine Eselin, die auf dem Hohen Hagen geweidet wurde, ihrer langen Ohren wegen für einen Hasen hielten, und sich vorsichtig heranschlichen, um

das Tier zu erlegen. Als sich jedoch der vermeintliche Hase sehr zahm und zutraulich zeigte, taten sie die Pfeile für ihre Bogen und Armbrüste in die Köcher zurück und beschlossen, das Wild lebend zu fangen, was die Eselin auch, ohne einen Fluchtversuch zu unternehmen, mit sich geschehen ließ.

Da herrschte natürlich große Freude über die so leicht erworbene Beute, und die Schar der Jäger versammelte sich um das Grautier. Als sie es von allen Seiten betrachteten und betasteten, rief einer von ihnen, der sich seiner Ziege wegen mit solchen Dingen auskannte, erfreut aus, daß der Hase ein volles Euter habe. Er machte sich auch sofort daran, die Milch in Ermangelung eines Eimers in seinen Jägerhut zu melken, wonach allen Umstehenden die ‚Hasenmilch' zum Probieren angeboten wurde.

Die Nachricht über diese erste Jagd der Dransfelder und wie dabei ein ‚Hase' gemolken worden war, verbreitete sich schnell in den umliegenden Orten und kam auch bis nach Göttingen, wo man danach die früheren Gegner nur noch spöttisch ‚Hasenmelker' nannte.

Doch wie sich aus der folgenden Geschichte ergibt, blieb auch den Göttingern ein Spottname nicht erspart:

Zwischen Herberhausen und Roringen befindet sich ein steiler Berg, welcher Drakenberg genannt wird. Wie eine Sage berichtet, befand sich darauf einst eine Burg der Herren von Drakenburg, die über lange Zeit hin als gewalttätige und grausame Raubritter gefürchtet worden waren. Der letzte ihres Geschlechts hatte allerdings dem Räuberdasein längst Absage erteilt und lebte als alter Hagestolz griesgrämig und einsam auf seiner Burg. In seiner Jugend hatte er ein mehr leichtsinniges als lustiges Leben geführt und war als Schürzenjäger verrufen, doch als Zechkumpan willkommen gewesen. So dachte er in jener Zeit gar nicht daran zu heiraten und seine Freiheit aufzugeben, bis er jetzt alt geworden war und ihn kein adeliges Fräulein weit und breit mehr haben wollte.

Als eines Tages in Göttingen, im Junkern-Hause, eine große Festlichkeit veranstaltet werden sollte, erhielt auch Herr von der Drakenburg dazu eine Einladung. Doch geschah dies wohl aus Versehen, denn es konnte ihn niemand ausstehen. Über die Einladung freute sich der alte Herr mächtig, da er hoffte, im Verlauf des Abends unter den zahlreichen Damen aus der weiteren Umgebung, die seine Vergangenheit nicht kannten, eine kennenzulernen, die es nicht verschmähen würde, ihn zu heiraten.

Um dieses Ziel zu erreichen, putzte er sich besonders festlich heraus, als ob er dadurch die Zeit zurückdrehen und das Aussehen eines Zwanzigjährigen erhalten könne. Das ausgefallenste an seiner Kleidung aber waren lange, weiße Seidenstrümpfe, die als allerneueste Mode in Göttingen noch nicht bekannt waren. So geschah es, daß der Herr von der Drakenburg, als er aus seiner Kutsche vor dem Junkern-Haus ausstieg, vom schaulustig herumstehenden Göttinger Volk mit derben Worten verhöhnt und verspottet wurde.

Da stieg der alte Herr bitterböse wieder in seinen Wagen und ließ sich zurück auf seine Burg fahren. Auf dem ganzen Wege dorthin und auch noch danach sann er, wie er den Schimpf allen Göttingern heimzahlen könne. Plötzlich fiel ihm wieder ein, daß ihm bei seiner eiligen Rückkehr im Burghof ein Esel vor den Wagen gelaufen war, der danach getötet werden mußte. Den wollte er benutzen, um sich zu rächen.

Also ließ er der Eselsleiche das Fell abziehen, das Fleisch kunstgerecht zerteilen, und das Ganze kam dann im Korb auf einen Wagen. Damit schickte er am nächsten Tag einen Fuhrmann und eine Magd nach Göttingen auf den

Wochenmarkt. Auf den Boden des Korbes hatte er aber die Eselshaut und einen Brief gelegt.

Auf dem Markt bot dann die Magd das Fleisch des Grautieres als Kalbfleisch an und fand auch schnell Käufer, da der geforderte Preis recht bescheiden war. So leerte sich der Korb bald, und als die untenliegende Eselshaut zum Vorschein kam, ließen der Fuhrmann und die Magd den Korb mit dem restlichen Inhalt zurück und machten sich schleunigst davon, bevor die letzten Kauflustigen den Brief ihres Herrn und die Eselshaut fanden. Da den Findern die Sache nicht geheuer erschien, brachten sie den Korb mit allem darin auf das Rathaus, wo der Bürgermeister den verschmierten Briefumschlag öffnete und las:

„Damit man für alle Zeiten weiß, daß ihr Euresgleichen freßt, so schreibt auf diese Eselshaut, was ihr heute von mir gekauft und gegessen habt! Herr von Drakenburg"

Das war zuviel für den Bürgermeister und die Ratsherren von Göttingen. Nicht nur der beleidigende Brief des Drakenburgers war es, der ihnen das Blut in die Augen trieb und die Galle zum Überlaufen brachte. Nein, so wie den Mohammedanern das Schweinefleisch und den Christen das Fleisch vom Pferd, galt auch das des Esels als unrein. Da der Esel ja ein naher Verwandter des Pferdes ist, durfte auch Eselfleisch nicht gegessen werden.

So ließ der Bürgermeister die Sturmglocke läuten, und als die Bürgerwehr bewaffnet auf dem Rathausplatz versammelt war, sprach er zu den Männern vom Schimpf und von der Schande, die der ganzen Stadt vom Drakenburger angetan worden war. Da zogen die Göttinger wütend über den Hainberg zur Drakenburg und eroberten sie im ersten Sturmlauf. In ihrem Zorn erschlugen sie jeden, der ihnen in die Quere kam. Den Burgherrn aber, der sich auf den höchsten Turm geflüchtet hatte, stürzten sie in den Burghof hinunter, wo er zu Tode fiel. Danach zerstörten sie die Burg so gründlich, daß heute keine Spur mehr von ihr zu finden ist.

Doch den Spitznamen ‚Eselfresser' sind die Göttinger nicht wieder losgeworden.

Nach Karl Seifart u. Weichelt 1878

Der Soldat und die Katzen

Es ist schon lange her, daß in Göttingen ein Soldat am Tor der Stadt Wache stehen mußte. Da geschah es, immer wenn er bei Nacht draußen stand, daß sich eine Schar Katzen um ihn versammelte. Sie begannen dann zu schreien, zu maunzen und ihn anzufauchen, als wollten sie ihn beißen und kratzen, daß ihm angst und bange wurde. Schließlich wurde es ihm zuviel und er erzählte alles seinem Feldwebel. Der hörte sich die Geschichte ungläubig an, sagte dann aber, er wolle seinen Großvater befragen, der sich mit solchem Spuk auskenne.

Am anderen Tage sagte der Feldwebel zu dem Soldaten: „Wenn heute Nacht die Katzen wiederkommen, dann zieh blank und hau kräftig dazwischen, und sieh zu, daß du eine triffst!"

Wie in den Nächten vorher, kamen die Katzen auch jetzt wieder, als der Soldat auf Posten stand, und machten einen Höllenlärm. Da zog er sein Seitengewehr, schlug auf sie los und hieb dabei einer besonders großen, zudringlichen Katze eine Vorderpfote ab, die er sofort aufhob und in seine Tasche steckte. Danach drangen die Katzen auf ihn ein, als ob sie ihm die Pfote wieder wegnehmen wollten. Aber der Soldat wehrte sich tapfer, bis die Tiere im Morgengrauen unter gräßlichem Geheul davonliefen.

Als der Soldat abgelöst worden war und in die Wachstube trat, wollte er die abgehauene Katzenpfote dem Feldwebel zeigen. Da erschrak er nicht wenig, als er aus der Tasche eine Menschenhand hervorzog. Jetzt war es klar, daß die zudringlichen Katzen Hexen waren, die bei Nacht in Tiergestalt ihr Unwesen getrieben hatten.

Nun forschte man überall in der Nachbarschaft und entdeckte nach langem Suchen schließlich eine alte Frau, die sich verborgen gehalten hatte, und einen

dicken, blutigen Verband am rechten Unterarm trug. Als man den entfernt hatte, war zu sehen, daß ihr die rechte Hand fehlte. Da war der Beweis erbracht, daß die Frau die gesuchte Hexe war, und der Prozeß wurde gegen sie eröffnet. Danach ist die Katzenschar nie wieder gesehen worden.

Nach Sittig 1924

Der Streit um den Göttinger Wald

Über lange Zeit hin hatten sich die Auseinandersetzungen über das Eigentum am Wald zwischen den Einwohnern von Waake und den Göttingern schon hingezogen, bis es schließlich zum Prozeß gekommen war und die Grenze durch das Gericht bestimmt werden mußte. Als man sich aber nach Zeugen umsah, die noch die alten Grenzen kannten, und wußten, wo die längst überwucherten Grenzsteine zu finden sind, konnten sich auch die ältesten Leute nicht daran erinnern, denn darum hatte sich seit langer Zeit niemand mehr gekümmert.

Da meldet sich endlich ein alter Hirt aus Herberhausen und gab an, daß er den Verlauf der Grenze kenne, da er in seiner Jugend dort im Walde während mehrerer Jahre Vieh gehütet habe. Daraufhin ließ man ihn zu einem der Richter in den Wagen steigen und fuhr mit ihm in das umstrittene Waldstück.

Der Hirt war den Göttingern offenbar sehr zugetan, meinte andererseits aber wohl, daß die Waaker doch wenigstens etwas vom Wald behalten sollten. Er beschrieb die Grenze so, daß lediglich ein schmaler Streifen, der gegenüber von Waake liegt, den Dorfbewohnern zugesprochen wurde. Dieses Waldstück heißt noch heute ‚Streitforst‘.

Als die Waaker sahen, wie der Hirt die Grenze abschritt und fast den ganzen Wald als Göttinger Eigentum angab, während er den Waakern beinahe nichts übrigließ, wünschten sie ihm voll Zorn, daß er Hals und Beine brechen möge. Dieser Wunsch erfüllte sich wunderbarerweise sehr schnell, denn als der Hirte dabei war, den Wagen des Richters zur Abfahrt wieder zu besteigen, stolperte er und brach sich das Genick.

Nach Schambach und Müller 1854

Der Diebesdaumen im Bierfaß

Einstmals, es war in der Zeit des Dreißigjährigen Krieges, lebte in Göttingen ein Schankwirt, bei dem die Gäste stets das beste, wohlschmeckendste Bier eingeschenkt bekamen, das es in der Stadt gab. Dies sprach sich natürlich bald herum, und so war seine Gastwirtschaft stets voll; die Kundschaft der anderen Wirte wechselte häufig zu ihm über, was dem Wirt natürlich viel Neid und Mißgunst einbrachte.

Seltsam schien es ja manchem, daß bei dem Wirt stets reichlich Bier vorhanden war, obwohl niemals jemand hatte sehen können, daß ein Brauereiwagen bei ihm vorgefahren war. Da wurde natürlich heimlich gemunkelt, ob da wohl alles mit rechten Dingen zugehe; aber da der Ruf des Wirtes sonst ohne Tadel war, wagte niemand, eine Untersuchung zu veranlassen.

Eines Tages jedoch waren bei ihrem Zug nach Norddeutschland Tillys Truppen nach Göttingen gekommen und hatten sich in der Stadt einquartiert. Die Söldner plünderten, wo sich Beute finden ließ, und trieben sich in den Wirtshäusern herum. So waren sie auch in die Gastwirtschaft gekommen, in der es das besonders gute Bier gab. Da war es kein Wunder, daß es ihnen so gut schmeckte. Bald hatten alle mehr getrunken, als sie vertragen konnten und begannen zu randalieren, weil der Wirt ihnen nicht schnell genug nachschenken konnte.

Kurzerhand drangen sie in den Bierkeller ein, und weil ihnen das Abzapfen zu langsam vorsichging, zerschlugen sie das einzige Bierfaß, das sie dort vorfanden, obwohl der Wirt sie anflehte, es nicht zu tun.

Als das Faß ausgelaufen war, fanden die Söldner darin zu ihrer Verwunderung einen aufgehängten Daumen, von dem jetzt anzunehmen war, daß er einst der

Leiche eines gehenkten Diebes entnommen wurde, und bewirkt hatte, daß das Bierfaß niemals leer geworden war. Den Daumen brachte daraufhin einer der Landsknechte auf das Rathaus, und nun war allen Ratsherren klar, warum der Wirt stets das beste Bier gehabt und sich nie hatte um Nachschub zu kümmern brauchen. Der Gastwirt wurde danach wegen Hexerei angeklagt und fand sein Ende am Galgen.

Was vom zerschlagenen Bierfaß übriggeblieben war und der zauberkräftige Diebesdaumen wurden auf dem Richtplatz bei der alten Linde verbrannt.

Nach Rudolf Eckart, Südhannoversches Sagenbuch

Die Burg Grona

Nahe bei Göttingen befindet sich ein Berg, welcher der ‚Kleine Hagen' genannt wird. Auf ihm wurde bereits im achten Jahrhundert die Pfalz Grona errichtet. Es handelte sich dabei zunächst um die Gerichtsstätte eines Gaugrafen. Doch wurde dieses Gaugericht während der Regierungszeit des Kaisers Otto IV. auf den Galgenberg, welcher an der Straße von Göttingen nach Kassel liegt, verlegt.

Diese Pfalz und spätere Burg Grona hatte danach eine lange, wechselvolle Geschichte, in der sich auch manche sagenhaften Begebenheiten ereignet haben sollen:

Nach dem Tode des letzten Karolingerkönigs Ludwig wurde auf Vorschlag des bereits recht alten Sachsenherzogs Otto der Herzog der Franken Konrad zum deutschen König gewählt. Aber als ein Jahr später Heinrich seinem Vater als Herzog im Sachsenlande folgte, verweigerte er König Konrad I. die Anerkennung. Darauf schickte Konrad seinen Bruder Eberhard mit einem Heer gegen die aufrührerischen Sachsen, der auf die Eresburg an der Diemel, welche nach ihrer Zerstörung durch Karl den Großen von den Sachsen als Grenzfestung wieder aufgebaut worden war, vorrückte. Dort kam es dann zur Schlacht, in welcher der kriegsunerfahrene Eberhard vernichtend geschlagen wurde.

Um sich dafür zu rächen, sammelte Konrad danach ein neues Heer und fiel damit überraschend ins Land der Sachsen ein. Als seine Kundschafter ihm berichteten, daß sich Heinrich in der Burg Grona aufhalte, zog er dorthin. Da seinem Heer auf dem bisherigen Weg kein Widerstand entgegengesetzt worden war, nahm er an, daß sich Heinrich kampflos ergeben würde und schickte Gesandte auf die Burg, welche mit Heinrich die Bedingungen der Übergabe aushandeln sollten.

Der Sachsenherzog empfing sie auch und ließ sich zum Schein mit ihnen auf Verhandlungen ein. Doch während er mit ihnen am Tisch saß und unterhandelte, trat, als ob er eben erst eingetroffen sei, Graf Thietmar ein und fragte, wo er das Heerlager für die sächsischen Truppen aufschlagen solle. Heinrich wandte sich daraufhin, als ob es sich um eine ganz nebensächliche Angelegenheit handele, zu ihm um, und meinte, daß es hierbei darauf ankäme, wie groß das Heer sei.

„Ach", antwortete Thietmar bedauernd, „leider sind noch nicht alle Truppen eingetroffen, aber es sind immerhin schon dreißig gut ausgerüstete Heerhaufen da. Der Rest wird jedoch spätestens morgen ankommen."

Als das die Abgesandten hörten, baten sie, gleich wieder aufbrechen zu dürfen, und überbrachten die schlimme Nachricht dem König. Da erschrak Konrad und dachte daran, wie es seinem Bruder Eberhard im Kampf mit den Sachsen ergangen war und zog sich schleunigst mit seinem Heer zurück ins Frankenland.

In Wirklichkeit war Heinrich aber durch den Einmarsch der Franken völlig überrascht worden und hatte gar keine Zeit gehabt, ein Heer aufzustellen. Alles, was Graf Thietmar an Bewaffneten bei sich gehabt hatte, waren fünf Ritter, und mit diesen war es ihm listig gelungen, ein Frankenheer zur Flucht zu veranlassen.

Nach dem Tode Konrads I. wurde sein einstiger Gegner, der Sachsenherzog Heinrich, im Jahre 919 zum deutschen König gewählt. Dieser soll zwischen den vielen Kriegen, die er zu führen hatte, weiterhin oft auf der Burg Grona geweilt haben, und nach seinem Tode soll seine Frau, die Kaiserin Mathilde, bis ans Ende ihrer Tage dort gelebt haben.

Von ihr wird berichtet, daß sie eine sehr fromme Frau gewesen sei, die nach dem Tode ihres Mannes aus ihrem Witwenerbe und auch aus dem Reichsschatz

viele Stiftungen an Klöster und sonstige kirchliche Einrichtungen vergeben habe. Ihre Söhne Heinrich und Otto, den man später den Großen nannte, waren damit nicht einverstanden und forderten alles zurück. Schließlich nötigten sie ihre Mutter sogar, in ein Kloster einzutreten.

Nachdem Otto I. unter dem Beifall aller Fürsten in Aachen zum König gekrönt worden war, trat er ein schweres Erbe an. Herzog Eberhard von Franken sowie sein Bruder Heinrich erhoben sich gegen ihn. Heinrich versuchte sogar, seinen Bruder Otto ermorden zu lassen. Der Sage nach soll Otto wegen all dieser Schwierigkeiten bald geglaubt haben, daß alles eine Strafe des Himmels sei für das Unrecht, das er seiner Mutter zugefügt hatte. Als ihn seine Gemahlin Edith in diesem Glauben auch noch bestärkt und ihn inständig gebeten habe, seine Mutter vom Ort ihrer Verbannung zurückzuholen, sei die Kaiserin Mathilde wieder auf die Burg Grona zurückgekehrt, wo sie vorher gelebt hatte. Doch es habe sich gezeigt, daß ihr Geist inzwischen verwirrt war und auch Bischof Godehart aus Hildesheim nicht habe helfen können.

Auch Otto II. soll häufig auf der Burg Grona gewesen sein. König Heinrich II., sein Nachfolger, hielt dort sogar im Jahre 1014 einen Reichstag ab und verstarb hier zehn Jahre später. Über seinen Tod ist folgende Sage überliefert worden:

Als Heinrich II., welcher der Heilige genannt wurde, fühlte, daß sein Ende dicht bevorstand, stiftete er der Kirche von Merseburg einen goldenen Abendmahlskelch, der ein Gewicht von zwanzig Pfund hatte. In jener Zeit, in welcher der König verstarb, vernahm ein frommer Eremit ein Sausen und Brausen in der Luft, wie er es bisher niemals vernommen hatte. Als er aus seiner Klause herausgetreten war, sah er, daß eine Horde Teufel auf die

Gronaburg zueilte, um sich die Seele des verstorbenen Königs zu holen. Durch Beschwörung zwang der Einsiedler einen der Teufel, zu ihm herunterzukommen und verpflichtete ihn, ihm später zu erzählen, wie es der Seele des Königs ergangen sei.

Der Teufel kam auch wirklich, wie er es versprochen hatte, zu dem Einsiedler zurück und berichtete, daß beim Abwiegen der Sünden gegen die guten Werke des Verstorbenen der heilige Laurentius dazugekommen sei und den goldenen Kelch, welcher der Merseburger Kirche geschenkt worden war, in die Wagschale zu den guten Werken gelegt habe. Der allein habe schon ausgereicht, alle Sünden des Königs aufzuwiegen. Als das der Oberste der Hölle gesehen habe und nun wußte, daß die Seele für ihn verloren war, habe er im Zorn von dem goldenen Kelch einen Henkel abgerissen. – Und wirklich soll am Abendmahlskelch der Merseburger Kirche ein Henkel gefehlt haben.

Als Heinrich der Löwe von Friedrich I. Barbarossa gezwungen worden war, sein Land zu verlassen und nach England zu fliehen, ihm sein Stammland Braunschweig aber treugeblieben war, wurde die Gronaburg bis auf die Grundmauern zerstört. Der Sohn Heinrichs des Löwen, Otto IV. ließ sie danach aber wieder aufbauen.

Zur Zeit, als Albrecht der Feiste regierte, gehörte die Burg den Herren von Grona, die der Sage nach zu Raubrittern geworden waren. Als ihre Räuberei und Wegelagerei so schlimm geworden war, daß sich auf den Straßen um Göttingen niemand mehr sicher fühlen konnte, eroberten die Göttinger Bürger die Burg und machten sie aufs neue dem Erdboden gleich.

Aber damit ist die Geschichte der Gronaburg noch nicht beendet, denn Otto der Quade ließ sie während der Fehde mit den Göttingern noch einmal aufbauen und bedrohte von dort aus die Stadt mit Räuberei und Plünderungen. So zogen schließlich die früher bereits einmal siegreichen Göttinger Bürger im Jahre 1387 erneut gegen die Burg und zerstörten sie so gründlich, daß sie danach niemals wieder aufgebaut wurde.

Nach Tecklenburg und Widukind von Corvey

Sagen von der Burg Plesse

In jener alten Zeit, als die Burg Plesse erbaut wurde, herrschte noch finsterer Aberglaube im Göttinger Land. So war man damals fest davon überzeugt, daß eine Burg, in deren Fundament ein lebendes Kind eingemauert worden war, von keinem Feind jemals würde erobert werden können. Auf diese grausame Weise wollte man auch die Burg auf dem Plesseberg uneinnehmbar machen.

Dazu ließ man in allen umliegenden Orten bekanntmachen, daß derjenige, der ein Kind hergebe, dafür eine hohe Belohnung bekommen solle. Aber da konnte man lange nach einer Mutter oder einem Vater suchen, die bereit sein würden, ihr Kind zu verkaufen. Schließlich meldete sich aber doch eine arme Frau aus Reiershausen, die ihr dreijähriges Kind anbot. Sie meinte, da es taubstumm sei, würde es doch nichts vom Leben haben und nur sich und anderen eine Last sein.

Aber als das Kind von den Bauleuten zu den Grundmauern gebracht worden war, konnte es plötzlich sprechen und sagte laut und deutlich, daß alle Umstehenden es hören konnten:

„Mutterbrust war weicher als ein Kuß. Doch Mutterherz ist härter als ein Stein."

Aber die Mutter war schon fortgegangen und hatte es nicht mehr gehört. Und so taten die Maurer danach, was ihnen aufgetragen worden war.

Vom Brunnen auf der Plesse erzählte man einst, er sei nahezu unermeßlich tief gewesen. Die Burgbewohner hätten damals den Eimer, in dem das Wasser nach oben gezogen wurde, an eine Kette geschmiedet. Diese Kette sei so lang gewesen, daß der Eimer zur Reparatur nicht abgenommen zu werden brauchte, sondern die Kette habe bis nach Bovenden gereicht, wo die Ausbesserung in der Schmiede vorgenommen worden sei.

Eine andere Sage berichtet, daß zu jener Zeit, als die Burg Plesse noch bewohnt wurde, des Ritters Tochter, die Adelheid hieß, in die Gegend vom Arenstein ging, wo sich heute Mariaspring befindet. Hier gefiel es ihr so gut, daß sie sich am Rande einer Quelle niederließ, sich von der Dienerin ihre Laute geben ließ und zum Instrument zu singen begann. Das vernahmen zwei Herren von Hardenberg, die in der Nähe vorbeiritten.

Es traf sich nun so, daß die Hardenberger derzeit mit denen von der Plesse in Fehde lagen, in der jeder dem anderen soviel an Schaden wie möglich zuzufügen suchte. So zwangen sie Adelheid und ihre Zofe auf ihre Pferde und entführten beide auf ihre Burg, um Lösegeld zu erpressen. Als die Herren von Plesse erfahren hatten, daß sich Adelheid in der Gewalt der Hardenberger befindet, schickten sie einen Knappen dorthin, um die beiden Frauen zurückzufordern. Aber statt der Forderung zu entsprechen oder wenigstens eine Antwort zu geben, nahmen die Herren von Hardenberg auch den Knappen gefangen und sperrten ihn ins Burgverlies.

Da sannen die Plesser natürlich auf Vergeltung und stellten den Hardenbergern solange nach, bis es ihnen gelang, einen von ihnen bei einem Ausritt abzufangen und zu überwältigen. Nachdem sie ihn auf die Plesseburg gebracht hatten, dachten sie jedoch gar nicht daran, den Ritter gegen das Fräulein Adelheid und ihre Zofe zum Austausch anzubieten, sondern banden ihn oben auf dem Burgturm an einen Pfahl mit dem Gesicht zum Hardenberg hin und ließen ihn dort verhungern.

Vom Raugrafen von Dassel wird erzählt, daß er einst in wirtschaftliche Schwierigkeiten gekommen sei und um wieder an Geld zu kommen, die Plesseburg an das Kloster in Northeim verpfändet habe. Als nach seinem Tode sein Sohn Adolf das Pfand wieder einlösen wollte, erklärte ihm der Abt des Klosters, die Burg sei nicht verpfändet, sondern verkauft worden. Als Beweis für diese Behauptung hatten vier Mönche eine Kaufurkunde zu fälschen, und damit diese auch alt und vergilbt aussehen sollte, hingen sie das Pergament in einen Kamin und räucherten es wie einen Aal. Als dann einer der Mönche doch Bedenken hatte und sich weigerte, an dem Betrug teilzunehmen, überstimmten ihn die anderen und meinten, was man einmal begonnen habe, müsse man auch zuende bringen.

In der Küche des Klosters arbeitete ein Mönch, der die seltsame Tätigkeit seiner vier Klosterbrüder am Kamin mit Verwunderung bemerkt hatte. Als sie gegangen waren, nahm er das Pergament aus dem Rauchfang und las es, fand aber keinen Sinn im Räuchern eines Kaufvertrages. Darum erzählte er die schnurrige Geschichte seinem Bruder, der ein Diener Adolfs von Dassel war.

Eines Tages begegnete dieser Diener seinem Herrn im Garten des Dasseler Schlosses, und es fiel ihm auf, daß der Graf sehr bedrückt und traurig aussah. Darum fragte er, warum er so schwermütig sei. Aber der Graf wollte nicht mit der Sprache herauskommen. Da meinte der Diener, daß er es sich schon denken könne. Schließlich erzählte der Graf doch von den betrügerischen Northeimer Mönchen, und daß ihn Adelheid von Plesse nicht heiraten würde, wenn er die Burg ihres Vaters nicht einlösen könne.

Jetzt war dem Diener alles klar, und er erzählte dem Grafen, was er von seinem Bruder über den Betrug der Mönche erfahren hatte. Als danach der Abt des Northeimer Klosters noch die Unverfrorenheit besaß, dem Grafen Adolf einen Mönch zu schicken, der um eine Spende für eine Wallfahrt nach Jerusalem bitten sollte, war das Maß voll. Kurzerhand ließ er den Mönch ins Verlies des Schlosses einsperren, zog mit Knappen und Knechten nach Northeim und ließ ans Kloster Feuer legen.

Adelheid von Plesse aber, die sich im Kloster aufhielt, entführte er, nahm sie vor sich aufs Pferd und ritt mit ihr bis nach Fredelsloh, wo er bemerkte, daß seine Geliebte das Bewußtsein verloren hatte. Danach trug er sie auf den Armen auf den Ohrenberg bei Lauenburg. Als er hier Rast hielt und ihr einen Kuß geben wollte, mußte der Graf voll Schrecken sehen, daß Adelheid gestorben war.

Nach Schambach und Müller 1854

Die weißen Hirsche von der Plesse

Zur Zeit, als Friedrich Barbarossa deutscher Kaiser war, stand auf der Plesse eine stolze, mächtige Burg, in der ein Ritter mit seiner Frau und zwei noch kleinen Söhnen lebte. Außer dem Herrn der Burg, welcher Otto hieß, wohnte hier auch noch sein jüngerer, unverheirateter Bruder.

Da geschah es, daß der Papst zu einem Kreuzzug aufrief, weil die Sarazenen unter Führung ihres Sultans Saladin die allen Christen heilige Stadt Jerusalem erobert hatten. Da Kaiser Friedrich selbst den Befehl über das deutsche Heer übernommen hatte, wollte Otto von der Plesse, wie auch viele andere deutsche Ritter, ebenfalls an dem Kriegszuge teilnehmen.

Doch bevor er mit seinem Gefolge aufbrach, bat Otto seinen Bruder, den Schutz für Frau und Kinder sowie auch die Verwaltung der Güter zu übernehmen, was dieser ihm auch fest versprach.

Der jüngere war aber schon lange neidisch auf den älteren Bruder, der die Burg und alle Besitzungen geerbt hatte, während er in den Dienst der Kirche treten sollte, und er sah jetzt eine gute Gelegenheit, alles zu ändern. Um dies zu erreichen, plante er, zunächst seine beiden Neffen, welche die zukünftigen Erben sein würden, zu beseitigen. Gegen eine hohe Belohnung brachte er einen Diener dazu, die Kinder beim Spiel zu belauern, und sie in den tiefen Brunnen des Burghofes zu stoßen. Das gelang dem Diener auch, ohne dabei beobachtet zu werden. Als er aber der Mutter berichtete, daß er aus der Ferne gesehen habe, wie die beiden Kinder beim Spielen in den Brunnen gefallen seien und er trotz aller Eile zu spät gekommen sei, um sie retten zu können, glaubte sie ihm nicht und beschuldigte schließlich den Bruder ihres Mannes, den Mord an den Kindern veranlaßt zu haben. Da ließ dieser die verzweifelte

Frau für wahnsinnig erklären, von der Burg mit Gewalt fortschaffen und ins Kloster zu Nörten einsperren, wo sie bald vor Kummer und Gram verstarb.

Um sich danach auch noch seines Bruders zu entledigen, schickte er zwei Knechte auf den Weg nach Palästina, die ihn dort suchen und töten sollten. Die beiden zum Mord gedungenen Männer mußten dann getrennt die Reise antreten, um sicher zu sein, daß einer von ihnen das Ziel erreichen würde.

Doch es kam anders als der junge Ritter geplant hatte, denn einem der Knechte ließ sein Gewissen keine Ruhe, und so beeilte er sich, um als erster im Heiligen Land anzukommen und dem Ritter Otto zu berichten, welche schlimmen Verbrechen sein Bruder begangen hatte und ihn vor dem anderen Knecht zu warnen. Zum Glück fand er den Ritter auch bald und erzählte ihm alles, was vorgefallen war.

Da nahm Otto Abschied vom Kreuzfahrerheer, fuhr mit einem Schiff nach Italien und kehrte über die Alpen in die Heimat zurück. Im Gewand eines landfahrenden Pilgers und mit einem langen Bart im sonnenverbrannten Gesicht, der ihn unkenntlich machte, kam Ritter Otto von der Plesse am Tor seiner Burg an, wo ihm Musik, Gesang und Festtrubel aus den Fenstern entgegenschallte. Erstaunt fragte er den Wächter, was das zu bedeuten habe und erfuhr, daß sein Bruder Hochzeit mit dem Fräulein von Wohldenberg feiere. Nach kurzer Überlegung gab Otto sich als fahrender Sänger aus und bat, durch seinen Vortrag zur Festesfreude beitragen zu dürfen, was ihm gern gewährt wurde.

Als der vermeintliche Sänger in den Saal eingetreten war, wurde ihm zur Begrüßung ein Becher Wein gereicht, und nachdem er getrunken hatte, begann er sein Lied, das aber keinen Grund zur Fröhlichkeit bot; denn er sang, wie ein deutscher Ritter mit seinem Kaiser ins Heilige Land gezogen war, um es von den Ungläubigen zu befreien, und wie er seinem daheimgebliebenen Bruder vertraut, dabei aber in Wirklichkeit sein Weib und seine Kinder einem Mörder ausgeliefert hatte. Zum Schluß mußten die Hochzeitsgäste noch anhören, wie der Sänger von der bevorstehenden Rache des verratenen Bruders sang.

Alle Anwesenden waren von dem traurigen Lied so ergriffen, daß danach keine Freude mehr aufkam und die Gäste bald die Burg verließen. Der Bräutigam, der sehr wohl wußte, wer mit dem Lied gemeint war, hatte während des Vortrages, um sich nichts anmerken zu lassen, einen Becher Wein nach dem anderen geleert und mußte ins Bett getragen werden.

Als danach im Schloß alle in tiefem Schlaf lagen, schlich der fremde Sänger ins Schlafgemach des Hochzeitspaares und erstach die Frau seines in tiefem Rausch liegenden Bruders. Dann ließ er das Schloß in Flammen aufgehen. Als er im Burghof noch einen Blick auf sein brennendes Schloß getan hatte, sprang er in den Brunnen und ertrank.

Die Burg brannte bald lichterloh, und jeder, dem es noch möglich war, rettete sich ins Freie auf den Hof, wobei dort ein so verzweifeltes Gedränge entstand, daß auch der vom Wein berauschte Bruder versehentlich in den Brunnen stürzte und darin sein Ende fand.

Wie die Sage weiter berichtete, kann man in jedem Jahr in der Nacht vom neunten zum zehnten August, der Nacht, in der das Schloß in Flammen aufging, zwei weiße Hirsche aus dem Brunnen steigen sehen. Sie kämpfen dann zunächst auf dem Schloßhof gegeneinander, bis der Sieger den Unterlegenen dreimal um den Berg verfolgt hat. Danach verschwinden sie wieder im Brunnen. Es heißt, sie seien die Geister der feindlichen Brüder, die auch im Tode noch keine Ruhe finden können. Die beiden ertrunkenen Kinder aber seien in zwei weiße Enten verwandelt worden, die von Zeit zu Zeit bei einer Quelle in der Nähe von Mariaspring zu sehen sind.

Nach A. Tecklenburg

Graf Isang

An jenem Ort, an dem sich heute der Seeburger See befindet, stand vor langer Zeit das Schloß des Grafen Isang. Er führte ein wildes, gesetzloses Räuberleben, und nichts war ihm heilig. So war er der Schrecken der Gegend weit und breit.

Einst geschah es, daß er in finsterer Nacht in das Kloster Lindau einbrach, sich dann, wohl um zu stehlen, in die Klosterkirche schlich und dort eine junge Nonne im Gebet vor dem Altar kniend sah. Da er von ihrer Schönheit entzückt war, ergriff er sie, trug sie hinaus zu seinem Pferd und entführte sie auf sein Schloß. Die Hilferufe der jungen Frau blieben ungehört, da ihre Schwestern hinter dicken Klostermauern in tiefem Schlafe lagen. Danach verbrachte er mit ihr die Nacht und, obwohl sie ihn bat und anflehte, sie zu verschonen, tat er ihr Gewalt an.

Am folgenden Tage stellte es sich dann heraus, daß die junge Nonne die Schwester des Grafen Isang war, die er seit ihrer Kindheit nicht mehr gesehen hatte.

Wegen dieses schweren Verbrechens rührte sich selbst das verhärtete Gewissen des Grafen, und er sandte die Nonne mit reichen Geschenken für das Kloster zurück, ließ den Altar erneuern und um Vergebung seiner Sünde viele Messen lesen. Aber die Zeit der Reue dauerte nicht lange, und bald begann Isang wieder zu leben wie vorher.

Eines Tages, als der Graf nach durchzechter Nacht müde auf seinem Lager ruhte, trat sein Koch zu ihm und zeigte ihm einen silberweißen Aal. Dabei fragte er, was er damit machen solle. Obwohl Isang sich nicht sicher war, ob das Tier eine Schlange oder ein Aal sei, ordnete er an, es ihm als Mittagessen

zuzubereiten, verbot dem Diener aber streng, ebenfalls davon zu kosten, was dieser auch versprach.

Kaum hatte der Graf sein Essen beendet, kamen ihm alle seine früher begangenen Verbrechen zum Bewußtsein, und ihm wurde klar, wie schwer er sich versündigt hatte. Da wurde ihm eng in der Brust, daß er in den Schloßgarten hinauslief und nach Luft rang. Im gleichen Augenblick trat ihm ein Bote des Klosters gegenüber und berichtete, daß vor einer Stunde Isangs Schwester verstorben sei; denn sie habe die Schande, die ihr Bruder ihr angetan hatte, nicht verwinden können. Doch ihr letztes Gebet habe sie für das Seelenheil ihres Bruders gesprochen.

Zutiefst erschüttert wollte Graf Isang ins Schloß zurückgehen, als er um sich ein seltsames Gewirr von vielen Stimmen hörte. Es war so, als ob alle Pflanzen und Tiere um ihn die Sprache der Menschen erhalten hätten. Das kam daher, daß der Graf von der seltsamen Schlange gegessen hatte und danach die Sprache der Tiere verstehen konnte.

Da hörte er, wie der Hahn zu ihm sprach: „Es befindet sich ein Sünder im Haus. Wehe dir, Graf Isang!"

Dann hörte er die Hennen rufen: „Eil dich! Eil dich, Graf Isang! Noch bevor die Sonne untergeht, werden die Türme und Mauern deines Schlosses zusammenfallen, und alles wird versunken sein. Darum bete, Graf Isang, bete!"

Verwirrt und verzweifelt setzte sich der Graf im Schloßhof auf einen Stein, stützte den Kopf mit den Händen und wußte nicht mehr, was er noch tun sollte.

Da kam der Hahn wieder zu ihm, und er hörte ihn sprechen: „Herr, du kannst dich noch retten, doch fliehe schnell, und geh allein!"

,,Soll ich mich allein retten und alle im Stich lassen, die mir lange treu gedient haben?“ erwiderte der Graf.

Doch da schlug der Hahn mit den Flügeln und kreischte wie von Sinnen: ,,Eile, eile, aber zieh allein!“

Isang sattelte jetzt schnell sein bestes Pferd und wollte eben davonreiten, da fiel ihm sein Diener in den Zügel und flehte ihn an, ihn auf dem Roß mitzunehmen.

Dem Grafen kam das seltsam vor, und er fragte den Diener: ,,Was hat der Hahn soeben gerufen?“

Und der Diener, der trotz des Verbotes seines Herrn von der Schlange gegessen hatte, stammelte in seiner Angst und Verwirrung: ,,Willst du dein Leben retten, so eile sofort von hier; aber geh allein!“

,,Schurke!“ schrie da der Graf den Diener an. ,,Du hast mein Verbot übertreten und dein Wort gebrochen. Das sollst du mit dem Tode büßen!“

Im gleichen Augenblick krähte der Hahn entsetzt: ,,Eil dich, eil dich! Die Sonne sinkt!“

Da zog der Graf sein Schwert und tötete den Diener, der den Zügel des Pferdes nicht loslassen wollte. Danach sprengte er über die Zugbrücke davon. In rasendem Galopp trieb er sein Roß immer weiter vorwärts, bis es auf einer Anhöhe nahe bei Gieboldehausen tot zusammenbrach.

Da wandte der Graf sich um, sah sein Schloß in der Ferne liegen und wußte nicht, ob alles vielleicht doch nur ein böser Traum gewesen war. Plötzlich vernahm er, wie unter Donnerrollen sein Schloß zusammenstürzte, in der Erde versank und an der gleichen Stelle ein großer See entstand.

Nach diesem schrecklichen Ereignis ging Graf Isang in sich, bereute sein sündiges Leben und tat Buße. Er ging mühsam hinunter ins Tal und bat den Abt im Kloster Gieboldehausen, ihn als Mönch aufzunehmen, was ihm auch gewährt wurde. Die Güter, welche ihm nach dem Untergang des Schlosses verblieben waren, vermachte Isang dem Kloster.

Es ist möglich, daß für diese Sage ein historischer Ursprung besteht, und ein urkundlich erwähnter Graf mit Namen Biso mit Isang oder Iso identisch ist. Auch kann es sein, daß sich im Seeburger See einst eine Wasserburg befunden hat, denn verschiedene Funde wie Bestandteile eines einstigen Bauwerkes, verzierte Gefäße aus Silber und andere Geräte sowie ein mittelalterliches Gefäß aus einer Legierung, wie sie damals zum Glockenguß verwendet wurde, sind im See gefunden worden.

Nach Grimm und Harrys

Die Schöne Bertha

Auf dem mittleren der Schweckhäuser Berge stand einst ein Schloß, auf dem der Ritter von Schweckhausen mit seiner Familie lebte. Er hatte eine besonders hübsche Tochter, welche von allen die Schöne Bertha genannt wurde. Auch Graf Isang, der auf einem benachbarten Schloß lebte, war von ihrer Schönheit so bezaubert, daß er sie zur Gemahlin begehrte, und um sie warb. Aber Bertha lehnte ihn schroff ab, denn Graf Isang hatte keinen guten Ruf. Über die Zurückweisung ihres Sohnes war Graf Isangs Mutter sehr zornig, und da sie eine Hexe und Zauberin war, verfluchte sie die Schöne Bertha:

„Weil du meinen Sohn nicht zum Gemahl haben wolltest, sollst du auch niemals einen anderen heiraten. Darum will ich dich in einen Wald verbannen, in dem du bei Nacht umgehen und rufen mußt: „Hilf mir! Hilf mir!" bis dir jemand antworten wird: „So helfe dir der liebe Gott!" Erst damit soll der erste Schritt zu deiner Erlösung von meinem Bannfluch erfüllt sein. Es muß aber danach noch ein Mann vor seiner Frau sterben, und diese muß wieder heiraten und einen Sohn bekommen, der Pfarrer werden wird. Erst wenn dieser zum ersten Mal in einer Kirche predigen wird, wirst du erlöst sein. Der Waldweg, auf dem du als Geist umgehen sollst, wird der sein, welcher von Ebergötzen nach Bösinghausen führt."

Lange Zeit dauerte es danach, daß niemand die Schöne Bertha von ihrem traurigen Schicksal hat erlösen können. Bei Tage und bei Nacht mußte sie umgehen und durfte nur gelegentlich unter einer Felsenklippe ausruhen. Um nicht zu verdursten und zu verhungern, besaß sie eine Flasche die sich immer wieder von selbst mit Wein füllte und ein Brot, das sich täglich erneuerte.

Eines Tages fuhr eine Gräfin mit Namen Hildegard in einer Kutsche auf dem Waldweg vorbei. Da erschallte aus dem Wald schauerlich der Hilferuf der

Schönen Bertha, daß vor Schreck die Pferde scheuten und der Kutscher sie nicht mehr bändigen konnte. So stürzten dann alle den Abhang hinunter und zerschellten im Abgrund. Es vergingen danach viele Jahre, ja, Jahrhunderte, in denen Berthas Hilferufe unbeantwortet im Walde verhallten, zumal der Weg zwischen Ebergötzen und Bösinghausen des Spukes wegen in Verruf kam und niemand dort gehen wollte.

Eines Tages kam ein Soldat zu Pferde nach Ebergötzen. Im Wirtshaus, wo er übernachtete, erzählte man ihm von dem Geist, der im Walde ständig „Hilf mir! Hilf mir!" ruft. Der Reiter, der schon in mancher Schlacht seinen Mut bewiesen hatte, lachte nur über die Furcht der Leute und meinte, wenn der Geist um Hilfe ruft, so solle man ihm doch helfen. Er trank also sein Glas aus, ließ sich den Weg beschreiben und ritt los. Als er im Walde angekommen war, dauerte es nicht lange, bis er die Hilferufe hörte. Da fragte er: „Wer kann dir denn helfen?" und als die Antwort kam: „Ach, keiner!" da rief er: „So helfe dir der liebe Gott!"

Kaum waren diese Worte verklungen, fühlte der Reiter, wie sich zwei Arme um ihn schlangen und der Geist hinter ihm auf dem Pferde saß. Da graute es ihm doch. Aber die Schöne Bertha beruhigte ihn und erzählte ihm ihre traurige Geschichte. Danach bat sie ihn, bis in das Dorf Waake weiterzureiten. In der Straße, die Zum Sieke heißt, müsse er in das letzte Haus gehen, wo ein kinderloses Ehepaar wohnt. Wenn er dann in der Stube sei, werde der Tod ebenfalls hereinkommen, vor dem er sich aber nicht zu fürchten brauche. Er allein könne ihn nur sehen. Der Tod werde dann dem Mann dreimal auf den Rücken klopfen, woraufhin der Mann erkranken und sterben werde. Wenn der Tod danach die Stube verläßt, müsse der Reiter ihm nachgehen. Dann werde der Tod zu ihm draußen sagen, wie lange es noch dauern wird, bis sie erlöst sein werde. Darüber bitte sie dann um Nachricht.

Dem Reiter kam alles sehr sonderbar vor; aber da er der armen Bertha gern helfen wollte, ritt er nach Waake und traf in der Straße Zum Sieke wirklich ein Ehepaar ohne Kinder an. Da er einen Vorwand für seinen Besuch brauchte, fragte er, ob er bei ihnen übernachten könne. Aber noch bevor die Eheleute antworten konnten, trat der Tod geräuschlos ins Zimmer und klopfte mit einem Spazierstock aus spanischem Rohr, dem ein silberner Totenkopf als Handgriff diente, dem Manne dreimal auf den Rücken. Da wurde der Mann plötzlich weiß wie Kalk an der Wand, begann zu zittern und sagte, daß ihn friere. Danach ging der Tod wieder aus dem Haus, und der Reiter folgte ihm.

Draußen sagte ihm der Tod: „Reite wieder hinauf in den Wald und berichte der verzauberten Bertha: Der Mann, den ich berührt habe, wird sterben, und seine Frau wird wieder heiraten. Danach wird sie einen Sohn bekommen, der Pfarrer werden wird. Dieser wird dann im Alter von zweiundzwanzig Jahren seine erste Predigt halten. Dann endlich wird die Schöne Bertha erlöst sein." Der Reiter hat danach getan, was der Tod ihn geheißen hatte, und die Schöne Bertha war überglücklich und hat sich bei ihm immer wieder herzlich bedankt. Als er von ihr Abschied nahm, bat sie ihn, zu ihr zurückzukommen, wenn sie erlöst sein werde. Aber daraus ist sicher nichts geworden, denn zweiundzwanzig Jahre sind eine lange Zeit, und der Reiter wird inzwischen den Soldatentod gefunden haben.

Es geschah dann alles so, wie der Tod es gesagt hatte. Als die Zeit vergangen war und der junge Pastor seine erste Predigt gehalten hatte, erschien der Tod der schönen Bertha und sagte ihr, daß sie nun frei vom Bannfluch der Hexe sei und den Wald verlassen dürfe. Aber im Laufe der vielen Jahre hatte sich bei den Menschen soviel verändert, daß Bertha sich unter ihnen nicht mehr zurechtfand und ein Jahr später bereits gestorben ist.

Nach Harrys ‚Volkssagen aus Niedersachsen' Celle 1840

Der Erbsendieb

Auf einem Bauernhof in der Nähe der Schweckenhäuser Berge waren zwei Knechte beschäftigt, Erbsen zu dreschen. Nachdem die Früchte von den Hülsen getrennt worden waren, wurden sie von den Männern mit Schaufeln hochgeworfen, damit der Wind die Verunreinigungen herausblasen sollte. Doch als sie mit dem Werfen fertig waren, bemerkten die Knechte zu ihrer Verwunderung, daß die Erbsen verschwunden waren.

„Nein!“ rief da der eine von ihnen voll Zorn, „das kann doch nicht mit rechten Dingen zugegangen sein!“ Dabei warf er seine Schaufel wütend in die Gegend. Da sah er plötzlich neben sich einen Zwerg stehen, der in einen großen Sack eben noch einen Rest der Erbsen füllte. Der kleine Mann war jetzt zu sehen, weil ihm der Knecht mit der Schaufel die Kappe abgeworfen hatte, die ihn vorher unsichtbar machte.

Erschreckt sah der Wicht sich um und versuchte, wieder in den Besitz seiner Tarnkappe zu kommen; aber einer der Drescher hatte sie bereits an sich gebracht. Da mußte der Zwerg laufen, was die kurzen Beine hergaben, um sich vor den zornigen Knechten in Sicherheit zu bringen, wobei er den Sack mit den Erbsen stehen ließ.

Die Kappe des Zwerges hat der Knecht danach gegen eine gute Belohnung beim Herrn von Schweckenhausen abgegeben, der sie sorgsam aufbewahrt haben soll.

Nach Chr. Voigt 1882

Die Wallfahrt nach den Schweckenhäuser Bergen

Einem alten Brauch zufolge wallfahren am ersten Ostertage die Bewohner der Dörfer Waake, Landolfshausen und Mackenrode nach den Schweckenhäuser Bergen. Wie diese Sitte entstand, darüber berichtet eine alte Sage:

In jener Zeit, bevor christliche Missionare ins Göttinger Land gekommen waren, befand sich auf den Schweckenhäuser Bergen ein Heiligtum der Heiden, in dem Priester ihren Göttern dienten. Um die Gläubigen zu beeindrucken, stand in dem Tempel das Standbild eines riesigen Mannes, das innen hohl war, so daß einer der Priester hineinsteigen konnte, um daraus zu den Versammelten zu sprechen. Auch war die Statue so eingerichtet, daß der Priester von innen die Lippen, die Zunge und auch die Hände bewegen konnte, daß die Leute glauben sollten, die Statue sei lebendig.

Zu diesem Standbild kamen damals am ersten Ostertag viele Menschen aus der weiten Umgebung gepilgert, um die Rede des Götzen anzuhören und ihn anzubeten.

Es heißt, daß die Leute aus dieser alten Gewohnheit noch heute zu Ostern nach den Schweckenhäuser Bergen wallfahren.

Nach Harrys 1840

Der Zwerg und die Hirtentochter

Wie an vielen anderen Orten Niedersachsens soll auch in den Schweckenhäuser Bergen ein Zwergenvolk gehaust haben. Es heißt, daß die Höhlen, in denen die kleinen Leute einst gewohnt haben, noch vorhanden seien und sich darin die zurückgelassenen Schätze der Zwerge befänden. Aber die Eingänge in den Berg, seien nach ihrem Auszug von den Zwergen verschüttet worden und niemand könne sie wiederfinden.

Es ist schon lange her, als beim Herrn von Schweckenhausen zwei Hirten in Dienst standen. Der Kuhhirt hatte eine hübsche Tochter und der Schäfer einen Sohn. Sohn und Tochter liebten einander und hatten sich die Ehe versprochen. Zu der schönen Hirtentochter aber kam immer wieder ein Zwerg und bat sie, seine Frau zu werden. Um sein Ziel zu erreichen, brachte er für Mutter und Tochter bei jedem Besuch kostbare Geschenke.

Doch das Mädchen wollte dennoch von dem häßlichen, buckeligen Zwerg nichts wissen, und auch seine Mutter konnte sich nicht mit dem Gedanken vertraut machen, einst die Schwiegermutter eines Zwerges zu werden. Als eines Tages der Gnom wieder zu Ihnen kam und noch schönere Geschenke als früher mitbrachte, rief sie zornig aus: „Ihr braucht gar nicht wiederzukommen, denn meine Tochter bekommt ihr bestimmt nicht zur Frau!“ Da entgegnete der Zwerg ganz gelassen: „Ihr habt meine Geschenke angenommen, darum werde ich zurückkommen, und wenn ihr dann nicht wißt, wie ich heiße, werde ich mir eure Tochter mit Gewalt holen. Wißt ihr es aber, so werdet ihr mich nicht wiedersehen.“ Damit ging er ohne Gruß davon.

Da bekam es die Frau des Kuhhirten mit der Angst, lief zu dem Sohn des Schäfers und bat ihn nachzuforschen, woher der Wicht kommt und wohin er geht. Das hatte der junge Mann auch bereits einige Male versucht; aber stets hatte er ihn plötzlich aus den Augen verloren. Als er nun wiedereinmal seinem Vater half, die Schafe zu hüten, sah er den Zwerg auf den Wald zugehen. Da schlich er ihm leise nach und sah, wie er unter einem Felsen verschwand. Doch als er nahe herankam, war dort kein Eingang zu sehen; aber es stand an der Stelle eine herrlich duftende, rote Blume, wie er eine solche niemals gesehen hatte. Und als er noch dastand und die Blume bewunderte, hörte er den Zwerg im Berge singen:

„Hier sitz ich, Gold schnitz ich.
Ich heiße Holzrührlein, Bonneführlein.
Wenn das die Mutter wüßt,
behielte sie ihr Mägdelein.

Das merkte sich der Schäferssohn genau, lief zur Mutter seiner Braut und erzählte ihr, was er erfahren hatte.

Einige Tage später kam der Gnom wieder zur Frau des Kuhhirten und fragte sie hämisch, ob sie inzwischen seinen Namen wisse. Da sagte sie, als ob es ganz selbstverständlich sei: „Na, wie mögt ihr denn schon heißen? Natürlich Holzrührlein-Bonneführlein."

Als das die Frau gesagt hatte, stieß der Zwerg einen schrecklichen Fluch aus und verschwand für immer. Am nächsten Tage ging der Sohn des Schäfers noch einmal zu dem Felsen, um die wunderschöne Blume für seine Braut zu holen; aber sie war nicht mehr dort. Kurze Zeit später fand die Hochzeit statt, und beide wurden glücklich bis an ihr Lebensende.

Nach Harrys und Colshorn

Die Burg Hardenberg

Im Norden von Göttingen befindet sich die Ruine der ehemaligen Burg Hardenberg. Es ist nicht bekannt, wann die Burg erbaut wurde und wer ihre ersten Besitzer waren. Doch aus dem zehnten Jahrhundert ist überliefert, daß das Erzstift Mainz in Nörten und dessen näherer Umgebung mehrere Güter besaß. Aus dem elften Jahrhundert ist danach zu erfahren, daß auch das Schloß Hardenberg dem Erzstift gehörte, und daß Erzbischof Ruthard, als er vor Heinrich IV. fliehen mußte, sich annähernd neun Jahre lang dort aufgehalten hat.

Erst seit dem dreizehnten Jahrhundert werden die Herren von Hardenberg als Burgmänner des Schlosses erwähnt, als ihnen im Jahre 1257 Kurfürst Gerhard von Mainz das Dorf Nörten verpfändete. Als Pfandnehmer ist dabei Graf Hildebrand von Hardenberg in einer Urkunde verzeichnet.

Da das Schloß Hardenberg fern von seinen Eigentümern mitten im Gebiet der Herzöge von Braunschweig lag, versuchten diese es in ihren Besitz zu bringen, griffen es sogar mit Gewalt an und belagerten es. Doch Graf Dietrich von Hardenberg, sein Sohn Dietmar und Friedrich von Rosdorf, die zu jener Zeit Burgmänner waren, leisteten tapferen Widerstand und es gelang ihnen, der Übermacht der Braunschweiger zu trotzen.

Aus Dankbarkeit für ihre Standhaftigkeit und Treue versprach ihnen Erzbischof Heinrich II. von Mainz sechshundert Mark in Silber. Aber, als der Zahltag gekommen war, mußte er feststellen, daß seine Kasse leer war. Da verpfändete er den Grafen von Hardenberg das Schloß nebst allen Gütern und Einkünften. Doch machte er ihnen zur Auflage, daß sie keine Feinde des Erzstiftes oder des Kurfürsten von Mainz aufnehmen oder beherbergen dürften.

Über ein Jahrhundert hin verstand es danach eine Generation der Grafen von Hardenberg nach der anderen, den Erzbischöfen von Mainz die Wiedereinlösung des Pfandes an der Burg unmöglich zu machen, indem sie ihnen immer aufs neue Geld liehen. Auch mit den Herzögen von Braunschweig versuchten sie, nach Möglichkeit gut auszukommen, indem sich meist einer aus ihrer Familie im Braunschweiger Heer auszeichnete. Dennoch war es wohl schwer, ganz ohne Streit mit den Braunschweigern zu leben.

Wie eine Sage berichtet, kam es während einer Fehde dazu, daß Heinrich von Hardenberg den Herzog Ernst von Braunschweig gefangennahm, als dieser mit seinem Gefolge durch Nörten ritt. Um sich zu rächen, stellte der Bruder des gefangenen Herzogs, welcher Probst in Einbeck war, in aller Eile eine bewaffnete Mannschaft auf, überfiel das Dorf Nörten, ließ alles Vieh hinaustreiben und danach das Dorf niederbrennen. Um dem Probst die Beute wieder abzujagen, verfolgte Heinrich mit seiner Burgmannschaft die Braunschweiger, griff sie an, wurde aber infolge ihrer Übermacht gefangengenommen. Da er bei der Gefangennahme auf dem Pferde des Herzogs angetroffen wurde, war der Probst so wütend, daß er Heinrich hinrichten lassen wollte. Doch besann er sich noch rechtzeitig darauf, daß sich ja schließlich sein Bruder in der Gewalt der Hardenberger befand und dieser vielleicht das gleiche Schicksal erleiden würde. So hielten es beide Parteien schließlich für besser, ihre Gefangenen auszutauschen und sich zunächst einmal wieder zu vertragen.

Dreieinhalb Jahrhunderte lang lebten die Grafen von Hardenberg auf ihrem Schlosse, ohne daß das Mainzer Erbstift sein Eigentumsrecht geltend machte, bis im Jahre 1607 der Erzbischof Johann Schwickard ihnen die Pfandschaft kündigte. Wegen der Schwierigkeit einer Entscheidung entstand daraus ein Prozeß, der nahezu vierzig Jahre lang dauerte, und schließlich damit endete, daß die Grafen von Hardenberg das Schloß als Eigentum erhielten.

Nach Chr. Voigt 1882

Die Riesenbrüder

Wie dies aus anderen Gegenden des Weserberglandes zu erfahren ist, wird auch vom Göttinger Land erzählt, daß hier einst zwei Riesen gehaust haben. Sie waren mächtig große Kerle, die auf die wenigen Menschen, welche es damals gab, geringschätzig herabsahen und sie verächtlich nur Erdenwürmchen nannten. Sie waren Brüder, von denen einer auf dem Plesseberg und der andere auf der Bramburg wohnte. Bisher hatten sie stets in Freundschaft gelebt und einander gegenseitig geholfen.

Da sich das umständliche Brotbacken für einen allein nicht lohnte, hatten sie einen Backofen zur gemeinsamen Benutzung auf der Plesse gebaut. Wenn ihr Brot zu Ende ging und frisch gebacken werden mußte, gab der Riese von der Plesse seinem Bramburger Bruder ein Zeichen, indem er mit einem Stein mehrmals am Backtrog kratzte. Das bedeutete dann, daß er den Ofen zum Backen für den nächsten Tag vorheizen würde und der Teig angemengt und gesäuert werden müsse.

Eines Tages hörte der Bramburger von der Plesse her ein lautes Kratzen, das er für das übliche, vereinbarte Zeichen hielt. Er bereitete also alles zum Backen vor und tat den fertigen Teig am anderen Morgen in das buntkarierte Tuch, das er stets dazu zu verwenden pflegte. Dann nahm er seinen Wanderstock und machte sich auf den Weg zur Plesseburg.

Doch als er bei seinem Bruder eintraf, hörte er schon von Ferne lautes Schnarchen und fand ihn in tiefem Schlafe liegen. Als er dann den Backofen mit der Hand berührte, war der eiskalt. Mit einiger Mühe gelang es ihm schließlich, den Schläfer wachzurütteln und ihn zu fragen, was das zu bedeuten habe. Aber als der endlich zu sich gekommen war und seine Augen

klargerieben hatte, konnte er sich zunächst an nichts erinnern, bis er plötzlich ausrief:

„Ja, da fällt mir etwas ein! Gestern, als ich meinen Mittagsschlaf hielt, stach mich ein Floh, und da habe ich mich ein wenig gekratzt. Das mußt du gehört haben."

Dies wollte sein Bruder aber nicht glauben und hielt sich für gefoppt. So stritten sie zunächst, dann beschimpften sie sich, bis schließlich die Fäuste flogen und der Bramburger Riese, welcher der schwächere war, fliehen mußte. Der Streit wird sehr heftig gewesen sein, denn der Plesser Riese warf seinem Bruder noch einen dicken Stein nach, der ihn aber glücklicherweise nicht traf. Dieser Stein ist der Felsblock, der noch heute in der Feldmark zwischen Lödingsen und Asche zu finden ist. Die Fingerabdrücke des Werfers sind in ihm deutlich erkennbar.

Nach Schambach und Müller 1854

Vom Eberkopf im Wappen derer von Hardenberg

Einer Sage nach befanden sich die Ritter von der Plesseburg einst in einer Fehde mit den Herren von Hardenberg und belagerten deren Burg. Da dieses in jener Zeit stattfand, in der das Schießpulver noch nicht erfunden worden war, konnten die Angreifer auf die Burg nur Steine schleudern und mit Armbrüsten und Bogen Pfeile verschießen, die den Verteidigern hinter dicken Mauern wenig anhaben konnten. Da ein Aushungern der Besatzung sich sehr lange hinziehen konnte, beschlossen die Belagerer, die Burg Hardenberg im Handstreich zu nehmen.

Von den Belagerten unbemerkt schafften sie Leitern und anderes Gerät herbei und erstiegen in einer mondlosen Nacht in aller Stille die Mauern der Burg, ohne daß die in tiefem Schlafe liegenden Hardenberger etwas davon hörten. Da, als die Plesseburger bereits fast alle oben angekommen waren, grunzte plötzlich ein Eber, der den Belagerten in der Zukunft als Verpflegung hätte dienen sollen, laut los und hörte nicht eher auf zu lärmen, bis auch der letzte Schläfer wach geworden war. Die Verteidiger beeilten sich dann, auf die Mauern zu kommen, und der Angriff der Leute von der Plesseburg konnte im letzten Augenblick glücklich abgewehrt werden.

Aus Dankbarkeit und zur Erinnerung an die Rettung ihrer Burg durch ein Schwein haben danach die Herren von Hardenberg einen Eberkopf in ihr Wappen genommen.

Nach G. Schambach und W. Müller

Wie der Name von Hardenberg entstanden sein soll

Nahe bei Nörten an der Leine befindet sich auf einer Anhöhe die Ruine der Burg Hardenberg, in der in früheren Zeiten die Grafen von Hardenberg gewohnt haben.

Der erste ihres Geschlechts, der auf dieser Burg lebte, führte aber noch nicht den Namen von Hardenberg, sondern er hieß schlicht Hildebrand. Wie es bei benachbarten Rittern in alter Zeit häufig geschah, war es auch zwischen Hildebrand und dem Herrn von der Plesse zu einer langdauernden, blutigen Fehde gekommen, in welcher der Ritter Hildebrand schließlich unterlegen war. Als dann endlich Frieden geschlossen worden war und man sich bei einem Umtrunk zur Unterzeichnung eines Vertrages im Rittersaal der Plesseburg versammelt hatte, soll der Herr von Plesse ausgerufen haben:

> „Am Ende sind wir von der Plesse wohl Sieger geblieben; aber wir haben erst über ‚en harden barch gemußt'."

Daraus ist danach der Name Hardenberg für die Burg entstanden, und ihr Besitzer hieß dann später Hildebrand von Hardenberg.

Nach A. Kuhn 1848

Die Glocke im Opferteich

In Moringen befindet sich ein tiefer Teich, der aus unterirdischen Quellen Zufluß erhält. Man nennt ihn den Opferteich, da an seinem Ufer die Germanen in vorchristlicher Zeit ihren Göttern geopfert haben. Auch eine Thingstätte soll sich hier befunden haben.

Einer Sage nach stand in alter Zeit nahe dem Teich ein Kloster des Ordens der Templer. Als die Mönche einst ihr Kloster erweitert und eine neue Kirche erbaut hatten, war dafür auch eine neue Glocke gegossen und im Turm des Gotteshauses aufgehängt worden. Der Tag der Einweihung, die der Bischof selber am Weihnachtsfest vornehmen wollte, war gekommen. Alles war vorbereitet, doch aus unerkärlichen Gründen kam der Bischof nicht, und alle warteten vergeblich bis zum Abend.

Da endlich beschloß der Prior des Klosters, die Einweihung vorzunehmen, vergaß dann aber, daß die Glocke, bevor sie geläutet werden durfte, eingesegnet und getauft werden mußte. So geschah es dann, daß die ungeweihte Glocke zur Messe geläutet wurde.

Kaum hatte sie den ersten Klang erschallen lassen, hatte es auch der Teufel vernommen und wußte, daß er Macht über die Glocke bekommen hatte. Blitzschnell kam er herbeigeflogen, riß sie aus ihrer Aufhängung und sauste mit ihr durch das Schalloch des Turmes davon, wobei er an einer Seite so heftig anstieß, daß mehrere Steine herausgeschlagen wurden. Draußen bemerkte Satan jedoch, daß ihm die Glocke beim Fliegen zu schwer wurde, und er warf sie in den Opferteich.

Auf dem Grunde des Weihers liegt sie nun bis zum heutigen Tag. Es heißt, daß diejenigen Menschen, welche in der Christnacht geboren worden sind, die

Glocke alle Jahre in dieser Nacht zwischen zwölf und ein Uhr aus der Tiefe des Wassers läuten hören können.

Vom Kloster der Tempelherren sind in Moringen keine Überreste mehr zu finden. Als der Orden wegen ketzerischer Geheimlehren in Verruf gekommen war, ist er von Papst Clemens verurteilt und aufgelöst worden. Danach ist das Kloster und auch die dazugehörige Kirche verfallen.

Nach Harrys 1840

Die drei Rehe bei der Bramburg

Dort, wo der steile Berg, welcher Hünengraben benannt wird, die Weser zwingt, einen weiten Bogen zu machen, und wo sich die Ruine der Bramburg befindet, hatten im Laufe der Zeit zuweilen Wanderer in mondhellen Nächten um Mitternacht drei prächtige Rehe aus dem Walde kommen sehen. Sie gingen dann ohne Eile, eines hinter dem anderen, zur Weser hinunter, durchschwammen den Fluß und verschwanden in Richtung auf die Sababurg.

Ein Forstgehilfe aus Glashütte hatte davon gehört, und beschloß, eines der Tiere zu erlegen. Er ging also kurz vor zwölf Uhr zu dem Ort, wo die Rehe zu erscheinen pflegten und legte sich auf die Lauer. Und wirklich sah er sie nach einiger Zeit im hellen Licht des Vollmondes langsam aus dem Dunkel des Waldes hervortreten. Behutsam hob der junge Jäger sein Gewehr an die Schulter, wobei er feststellte, daß das Licht für einen sicheren Schuß ausreichen würde. Doch als er den Finger am Abzug krümmen wollte, war es ihm unmöglich, denn der Finger war plötzlich steif wie ein Stock. So sah er die Rehe gemächlich an sich vorüberschreiten, ohne auf eines von ihnen schießen zu können. Ja, wie er sie betrachtete, nahmen sie in seiner Vorstellung das Aussehen von drei wunderschönen Frauen an, die langsam im Flußnebel verschwanden.

Am nächsten Tage fanden Waldarbeiter den jungen Forstgehilfen in der Nähe der ehemaligen Bramburg. Er lehnte unbeweglich am Stamm einer Eiche und war in tiefes Nachdenken versunken, aus dem man ihn nur mit Mühe herausrütteln konnte. Es wird ihm bewußt geworden sein, daß es nicht zu rechtfertigen ist, aus reiner Jagdlust ein Tier zu töten, denn nach diesem nächtlichen Erlebnis hat er niemals wieder auf ein Reh geschossen.

Nach Schambach und Müller 1854

Der Raubritter von der Bramburg

Auf einem Ausläufer des Bramwaldes, nahe am Ufer der Weser, stand einst die Bramburg, deren Ruine dort noch zu finden ist.

In jener Zeit, als das ehrenhafte Rittertum an manchen Orten zum Raubrittertum verkommen war, lebte, wie die Sage berichtet, auf der Bramburg ein Ritter von Stockhausen, der wegen seiner Grausamkeit und Gewalttätigkeit weit und breit gefürchtet wurde. Die günstige Lage seiner Burg ermöglichte es ihm, seine Räuberei auch an vorüberfahrenden Schiffen auszuüben. Dazu hatte er unterhalb vom Wasserspiegel des Flusses eine Kette spannen lassen, hinter der sich, wenn sie straff angezogen worden war, die Schiffe verfingen und leicht ausgeraubt werden konnten. Wenn es einer der Schiffsleute dann wagte, sich zu widersetzen, warf man ihn kurzerhand über Bord und überließ ihn seinem Schicksal. Um sich auch bei Nacht keine Beute entgehen zu lassen, war an der Kette eine lange Leine befestigt, welche bis auf die Burg reichte, dort eine Glocke betätigte und die Räuber aufweckte.

Als eines Tages die Tochter des Herzogs Erich von Calenberg von Münden aus eine Wallfahrt zum Kloster Corvey unternahm, wurde auch ihr Schiff unterhalb der Bramburg aufgehalten und ausgeraubt. Das war der Tropfen, welcher das Faß zum Überlaufen brachte, denn der Herzog hatte bereits eine Zeitlang mit großem Mißfallen vom Treiben des Herrn von Stockhausen erfahren.

Um der Räuberei endlich ein Ende zu bereiten, sammelte Erich eine Streitmacht und ließ die Burg belagern. Aber diese war stark befestigt und wurde von ihrer Besatzung hartnäckig verteidigt, so daß die Belagerer schmerzliche Verluste erlitten. Dies erbitterte den Herzog schließlich so sehr, daß er schwor, es solle kein männliches Wesen lebend die Burg verlassen.

Nach längerer Zeit der Belagerung mußten sich die Verteidiger dann doch ergeben, da ihnen die Lebensmittel ausgegangen waren.

Da bat die Frau des Ritters den Herzog um Gnade, und der gestattete ihr freien Abzug. Dabei durfte sie mitnehmen, was sie in ihrer Schürze tragen konnte. Er erlaubte ihr sogar, sich im Tal ein Haus zu bauen, das aber nicht befestigt sein dürfe und nur mit einer Hecke, einem Hagen, umgeben sein solle.

Traurig nahm die Frau danach von ihrem Manne Abschied und verließ die Burg mit ihrem einzigen Söhnlein in der Schürze. Als sie am Herzog vorüberging, verlangte er, einen Blick auf den Inhalt ihrer Schürze tun zu dürfen. Da sah er das Knäblein, und die Liebe der Mutter rührte ihn so sehr, daß er auch dem räuberischen Ritter das Leben schenkte, ihn jedoch in Münden gefangen setzte.

Frau von Stockhausen ließ sich danach am Fuße des Berges an der Nieme ein Haus errichten und es mit einem hohen Hagen umgeben. Als dann alles fertig war, sprach sie: „Dat sall mek en lewen Hagen sien!“ Daraus entstand der Name für eine Siedlung bei diesem Haus, welche Lewenhagen hieß, woraus später Löwenhagen geworden ist.

Nach Schambach und Müller

Die Hansemännsche aus Scheden

Es geschah in den Jahren 1484 und 85, als im Göttinger Land wiedereinmal Krieg herrschte. Damals wehrten sich die Städte Göttingen, Hannover, Hildesheim und Braunschweig gegen Herzog Wilhelm von Braunschweig und den Bischof von Hildesheim, die von den Städten ständig mehr Steuern verlangten.

Im Laufe der kriegerischen Handlungen, in welchen jeder dem anderen möglichst großen Schaden zuzufügen suchte, indem er dessen Dörfer und Besitzungen plünderte und sogar in Brand steckte, waren die Göttinger in das Amt Uslar eingefallen, das zum Herzogtum Braunschweig gehörte. Dabei hatten sie das Dorf Schoningen ausgeraubt und danach niedergebrannt. Nach dieser wenig ruhmreichen Tat zogen sie nach Dransfeld, und nahmen dort achtzig Männer gefangen, die nach Göttingen abgeführt wurden, um für ihre Freilassung Lösegeld zu erpressen. Unter diesen Gefangenen befanden sich auch einige Bauern aus den umliegenden Dörfern, die den Dransfelder Markt besucht hatten.

Um sich bei den Göttingern anzubiedern, und in der Hoffnung dafür freigelassen zu werden, erzählte ihnen unterwegs ein Bauer aus Niederscheden, daß die Schedener ihre gesamte wertvolle Habe in die Kirche von Oberscheden gebracht hätten und diese dort in dem zusätzlich befestigten Gebäude gegen jeden Angriff verteidigen wollten. Im Wunsch auf leichtes Spiel und gute Beute kehrten die Göttinger daraufhin sofort um und beabsichtigten die Schedener Kirche zu erobern.

Aber die Schedener Bauern hatten bei der Befestigung ihrer Kirche gute Arbeit geleistet, und es ging mit der Erstürmung nicht so leicht, wie es sich die

Göttinger vorgestellt hatten. Da ließen sie aus ihrer Stadt Geschütze, Sturmleitern und schweres Brechgerät herbeiholen und griffen damit die Schedener in ihrer Kirche an. Doch die Bauern wehrten sich weiterhin mit dem Mut der Verzweiflung, wobei sie neben anderen den Göttinger Feldhauptmann Hintertür mit einem herabgeschleuderten Stein tödlich trafen. Dennoch verschlechterte sich die Lage der Eingeschlossenen immer mehr, zumal ihnen zum Werfen die Steine auszugehen drohten.

Während die Männer in der Kirche ihr Eigentum verteidigten, befanden sich ihre Kinder, Frauen und alles Vieh im nahegelegenen Wald, von wo man sehen konnte, was im Dorfe vor sich ging, und als die Frauen begriffen, daß ihre Männer bald verloren sein würden, begannen viele zu weinen und laut zu klagen. Da rief eine der Frauen, die Hansemännsche aus Oberscheden war es:

„Was soll euer Heulen und Jammern? Das kann unsern Männern auch nicht helfen! Ich werde nach Münden gehen und versuchen, von dort Hilfe zu holen. Wer mitkommen will, kann mich begleiten!“

Mehr als ein halbes Dutzend Frauen war daraufhin bereit, mit ihr zu gehen. Sie kamen auch wohlbehalten in Münden an und flehten beim Rat der Stadt um Hilfe für ihre notleidenden Männer. Aber die Mündener konnten ihnen nicht helfen, da ihnen ihr Herzog verboten hatte, die Stadt ohne Schutz zu lassen.

Traurig und niedergeschlagen machten sich die Schedener Frauen wieder auf den Rückweg, überquerten die Werrabrücke und erreichten bald die Anhöhe beim Blümerberg. Dort trafen sie auf einen Trompeter, einen Landsknecht und eine Marketenderin, die Heeresdienst suchten. Sie saßen am Wegrand, hatten ein Feuer gemacht und brieten Fische aus der Werra. Um sich auszuruhen, setzten sich die Frauen zu ihnen und kamen mit ihnen ins Gespräch. Als die Hansemännsche erfuhr, daß die drei zu keinem bestimmten Ziel unterwegs waren, hatte sie einen glücklichen Gedanken, mit dem sie hoffte, die Verteidiger der Schedener Kirche retten zu können. Sie erzählte also von der verzweifelten Lage, in der sich ihre Männer befinden und bat die drei Kriegsleute, sie durch den Wald nach Scheden zu begleiten. Wenn sie dann am Waldrand dicht vor Oberscheden sind, möge der Trompeter so blasen, wie es im Braunschweiger Heer üblich ist. Den Frauen aber sagte sie, daß sie ihre Schürzen und Kopftücher an lange Stöcke binden sollten, als ob es Fahnen seien. Diese sollten sie dann schwenken und dazu schreien, was ihre Lungen hergeben.

Der Trompeter und seine Begleiter waren sofort bereit, an dem Abenteuer teilzunehmen, und man zog los. Am Waldrand von Scheden angekommen, ließ der Hornist die Signale erschallen, wie sie die Braunschweiger bliesen, wenn es zum Angriff gehen soll. Die Fahnen und Standarten aus Schürzen und Tüchern wurden geschwenkt, und alle schrien, als ob sie am Spieße steckten.

Als das die Göttinger hörten und sahen, glaubten sie, daß Herzog Wilhelm von Braunschweig im Begriff sei, mit seinem Heer über sie herzufallen. Da ließen sie ihre Kanonen, Leitern und alles andere Kriegsgerät liegen und stehen und konnten sich gar nicht schnell genug auf den Rückweg in ihre Stadt hinter die schützenden Mauern begeben.

Als Herzog Wilhelm von Braunschweig nach einiger Zeit von der List und mutigen Tat der Hansemännschen und der anderen Frauen hörte, soll er gesagt haben, daß ihm zehn couragierte Weiber dieser Art lieber seien als hundert schwerbewaffnete aber zaghafte Mannsleute.

Nach H. Brüggemann
und Einbeckische und Dasselische
Chronik des Johannes Letzner

Die Knüppelbuche auf dem Ossenberg

Zwischen Dransfeld und Barterode erhebt sich der Ossenberg, auf dem sich eine dicke Buche mit gewaltiger Krone befindet. Man nennt sie in der Gegend die Knüppelbuche, weil hier vor langer Zeit ein Mann furchtbare Prügel bezogen haben soll.

Es lebte hier einst ein Korporal, der aus Bühren oder Varlosen stammte, doch genau wußte es niemand zu sagen. Er hatte dort einem Mädchen, das von ihm ein Kind erwartete, versprochen, es bestimmt zu heiraten. Als er dann mit seiner Truppe fortziehen mußte und das Mädchen unter Tränen von ihm Abschied nahm, bekräftigte er sein Eheversprechen noch durch einen Schwur. Er sagte, daß der Teufel ihn auf den Ossenberg, dorthin, wo die dicke Buche steht, bringen und durchprügeln solle, wenn er sein Wort nicht hielte.

Dennoch ließ der treulose Soldat nichts wieder von sich hören, und das verlassene Mädchen nahm sich aus Kummer und Scham das Leben. Der Korporal aber liebte eine andere und wollte sie heiraten. Doch als er mit seiner Braut in der Kirche vor den Altar trat, erschien ihm dort, wo die Plätze für die Männer sind, der Geist seiner früheren Geliebten und drohte ihm mit der geballten Faust. Da lief es ihm eiskalt über den Rücken, und er mußte an seinen Schwur denken. Und wirklich, als er die Kirche eben verlassen hatte, stürzte sich der Teufel auf ihn und trug ihn durch die Wolken über Dransfeld hinweg auf den Ossenberg. Bei der riesigen Buche setzte er ihn auf die Erde und prügelte ihn so windelweich, daß er es beinahe nicht überlebt hätte.

Als der Teufel endlich zu schlagen aufgehört hatte, schleppte sich der Korporal mit letzter Kraft bergab nach Ossenfeld. Fast nackt war er, denn der Teufel hatte ihm die Kleidung vom Leibe gedroschen. So trat er, übersät mit blauen Flecken und mühsam gestützt auf den dicken Knüppel, mit dem ihn der Satan

geprügelt hatte, in das Dorfgasthaus und jammerte dem Wirt nur immer dasselbe vor: ,,Heute ist mein Hochzeitstag! Heute ist mein Hochzeitstag!" Erst am Tage danach war aus ihm herauszubringen, wo er zu Hause war, und ein Bauer aus Ossenfeld fuhr den Korporal, den man in eine Decke gehüllt hatte, dorthin.

Der Knüppel aber, mit dem der Teufel den Wortbrüchigen geprügelt hatte, war in der Wirtsstube liegen geblieben. Den hat danach der Wirt zum Andenken an diese Begebenheit noch lange Zeit aufbewahrt und ihn als Beweis für die Wahrheit der Geschichte seinen Gästen stets vorgezeigt.

Nach Kuhn, Schwartz 1848

Wie Adelebsen entstanden ist

Der Flecken Adelebsen findet in einer Schenkungsurkunde des Königs Otto III. aus dem Jahre 990 erstmals Erwähnung. Der Ort wurde damals „Etheleveshuson" genannt.

Erst nachdem dann ein viertel Jahrtausend vergangen war, ist zu erfahren, daß Ritter mit Namen de Wicbeke nach Adelebsen übersiedelten, dort um 1230 eine Burg errichteten, welche „dat feste Hus to Adelevessen" genannt wurde und sich von da an „de Adelevessen" nannten. Von dieser alten Burg ist jedoch kaum noch etwas vorzufinden.

Einer Sage nach ist die Gründung Adelebsens allerdings bereits zur Zeit Heinrichs I. erfolgt, und das soll so geschehen sein:

Auf der Pfalz Grona, wo auch Heinrich der Vogler oft Hof gehalten hatte, lebte ein Burgfräulein mit Namen Adelheid. Sie war allerseits sehr beliebt, und auch der König mochte sie gern.

Kurz vor Adelheids Hochzeit mit einem Ritter namens Dietmar, fragte König Heinrich das Fräulein, was er ihr aus diesem Anlaß wohl schenken könne. Sie möge sich wünschen, was sie wolle, wenn es in seiner Macht stände, würde er ihren Wunsch erfüllen. Adelheid war aber kurz vor ihrer Hochzeit so glücklich, daß sie nicht wußte, was sie sich darüber hinaus noch wünschen sollte und verharrte in Schweigen. Da sprach Heinrich zu ihr:

„Nimm mein bestes Pferd, und reite von hier nach Westen. Alles Land, das du dann im Laufe eines Tages umreiten kannst, soll vom Tage deiner Vermählung an dir gehören!"

Danach ließ der König satteln, Adelheid bestieg das Pferd und ritt davon über Berg und Tal, durch Wälder und Felder, und als sie am späten Abend zurückkehrte, hatte sie alles Land umkreist, in dessen Mitte sich heute Adelebsen befindet. Am folgenden Tage wurde dann auf der Pfalz Grona die Hochzeit gefeiert.

In der folgenden Zeit ließen Adelheid und Dietmar inmitten ihres neuen Besitzes auf einer Anhöhe eine stolze Burg errichten, die sie Adelheidshusen nannten. Daraus ist dann im Laufe der Jahre Adeliebsen und danach Adelebsen geworden.

Lange Zeit später, als die Pest im Lande wütete, verließen die Nachkommen von Adelheid und Dietmar die alte Burg und bauten ein neues Schloß. Um dieses siedelten sich, als viele Dörfer der Gegend verlassen und wüst geworden waren, die von Pest und Krieg übriggebliebenen Leute an, und so entstand der Flecken Adelebsen.

Nach Schambach und Müller

Die Burg Hanstein

Die Burg Hanstein war sicher einst eine der schönsten Ritterburgen im Umkreis von Göttingen. Der Name Hanstein (Haanstedihus) ist bereits in einer Urkunde in der ersten Hälfte des neunten Jahrhunderts erwähnt, jedoch als Name eines Dorfes. Ebenfalls auf dem in der Nähe gelegenen Höheberg, der auch die ‚Alte Burg' genannt wird, sind Spuren einer Ruine gefunden worden. Wer die Bewohner dieser frühen Burg waren, ist jedoch nicht bekannt.

Aus dem elften Jahrhundert ist überliefert, daß Graf Otto von Northeim, der Herzog von Bayern war, die Burg Hanstein besessen hat. Er führte eine lange, erbitterte Fehde gegen Kaiser Heinrich IV., in welcher er schließlich unterlag. Danach wurden eine Reihe Schlösser des Herzogs zerstört, wozu auch die Burg Hanstein gehörte. Doch wurde sie später wieder aufgebaut; aber wer nach dem Aussterben des Geschlechtes derer von Northeim die Burg bewohnt hat, ist nicht bekannt. Erst aus dem dreizehnten Jahrhundert ist überliefert, daß die Welfen Besitzer der Burg Hanstein waren. Der Erzbischof Siegfried von Mainz erhob dann Anspruch darauf. Schließlich kam es zwischen Kaiser und Erzbischof zu einem Vergleich, in welchem das Eigentumsrecht an das Erzbistum Mainz fiel.

Aber bereits hundert Jahre später, im Jahre 1308, war die Burg so baufällig geworden, daß ein Neubau erforderlich wurde. Zu diesem Zwecke kam der Erzbischof von Mainz mit den Rittern Heinrich und Lippold von Hanstein überein, daß nach einem Wiederaufbau des Schlosses das Erzstift Mainz Eigentümerin desselben, die Herren von Hanstein und ihre Nachkommen Erbburgmänner sein sollten. An dieser Burg ist danach anscheinend mit manchen Unterbrechungen sehr lange gebaut worden, denn auf einer Steintafel im Tor der äußeren Ringmauer ist zu lesen: „Anno Domini MCCCXIII ist dieser Ort gebawt."

Einer der streitlustigsten Ritter, die auf Burg Hanstein gehaust haben, war Werner von Hanstein. Es war in der Mitte des fünfzehnten Jahrhunderts, als er mit dem Grafen Heinrich von Schwarzburg in Streit geriet, und das kam der Sage nach so:

Heinrich von Schwarzburg hatte bei einem Besuch des erblindeten, hilflosen Ritters Hans von Hagen dessen hübsche Frau überredet, ihren Mann zu verlassen und mit ihm zu kommen. Doch als die leichtfertige, junge Frau den Ritter Werner von Hanstein kennenlernte, verliebte sie sich schnell in diesen und verließ den Grafen von Schwarzburg wieder. Der Graf fühlte sich dadurch in seiner Ehre tief gekränkt und konnte nicht verwinden, daß ein anderer ihm vorgezogen worden war. Offenbar hatte er vergessen, wie ehrlos er selber gegenüber dem erblindeten Ritter von Hagen gehandelt hatte. So entspann sich zwischen dem Schwarzburger und dem von Hanstein ein Streit, der in eine blutige Fehde ausartete, durch welche das Eichsfeld Jahre hindurch verwüstet wurde und seine Bewohner bittere Not zu leiden hatten. Als dann Werner durch seinen Bruder Hans von Hanstein Beistand geleistet wurde, fand auch Heinrich von Schwarzburg einen Bundesgenossen in Hans von Dörnberg. So weitete der Krieg sich aus, und das Rauben und Mordbrennen nahm kein Ende, bis es selbst seinen Verwandten zuviel wurde, und als Werner eines Tages von einem Raubzug zurückkehrte, verwehrte man ihm das Betreten seiner Burg. Voller Wut verschaffte er sich daraufhin den Zugang mit Gewalt und setzte die Empörer gefangen. Als Werner danach in seiner Burg belagert wurde und seine Gegner Steinkugeln auf die Dächer des Schlosses schossen, ließ er kurzerhand etliche Gefangene dort festbinden, wonach die Beschießung schnell ein Ende fand.

Doch immer mehr Freunde und Verwandte wandten sich von Werner ab, da ihnen seine Grausamkeit und Raublust zuwider wurde. So stand er schließlich mit seinen Gefolgsleuten allein da, und gefangen oder erschlagen zu werden schien sein Schicksal zu sein. Da erfuhr er von Pilgern aus Lübeck, daß die deutschen Hansestädte kriegserfahrene Männer suchten, da sie mit den Schweden, Norwegern und Dänen Krieg führten. So entwich Werner heimlich von der Burg, ritt nach Lübeck und wurde dort Feldhauptmann bei der Hanse. Hier war der abenteuer- und streitlustige Ritter am rechten Platz, und in der Lübecker Chronik sind seine mutigen Taten aufgezeichnet. Nach dem Ende des Krieges blieb Werner von Hanstein bis zu seinem Tode in Lübeck und ist auch dort begraben worden.

Den Streit mit dem Grafen von Schwarzburg mußte jedoch Werners Bruder Hans noch eine Zeitlang fortsetzen, obwohl er an dessen Ursache gar nicht beteiligt gewesen war. Das dauerte solange, bis der Schwarzburger es in seiner Zerstörungswut so schlimm trieb, daß der Bischof von Mainz dessen Lehen einzog und ihn des Landes verwies.

Aber Hans von Hanstein hatte ebenfalls das unruhige Blut seines Bruders und dessen Lust am Abenteuer, und als der Erzbischof von Mainz Diether, sein Lehnsherr, mit dem Kurfürsten Friedrich I. von der Pfalz in Streit geriet, zögerte er nicht, ihm zu Hilfe zu eilen. In der Schlacht bei Pfaddarsheim, in der das Heer des Erzbischofs unterlag, wurde Hans im Kampf mit seinem alten Gegner aus der Heimat, Johannes von Dörnberg, am Bein so schwer verwundet, daß er nur noch hinkend gehen konnte. Doch das hinderte ihn nicht, von da an weiterhin zu Pferde an Kriegszügen teilzunehmen.

Im Laufe des siebzehnten Jahrhunderts ist die Burg Hanstein von ihren Bewohnern verlassen worden, da zu dieser Zeit auch feste Burgen auf Bergeshöhen vor den Kanonen eines Gegners keinen Schutz mehr boten. Der letzte dort oben soll Kurd oder Konrad von Hanstein gewesen sein. Es heißt, er habe am Dreißigjährigen Krieg als Feldhauptmann in einem protestantischen Heere teilgenommen.

Nach Chr. Voigt 1882

Die Teufelskanzel

Zwischen Lindewerra und Bornhagen, nicht weit entfernt von der Ruine der Burg Hanstein, befindet sich ein hoher Felsvorsprung, der Teufelskanzel genannt wird. Wie eine Sage berichtet, hat dort einst der Teufel gepredigt, und das kam so:

Nachdem die hier wohnenden Germanen vom Kloster Fulda aus zum Christentum bekehrt worden waren, befiel den Teufel große Sorge, daß ihm in Zukunft der Nachschub an Seelen sündiger Menschen für die Hölle fehlen würde. Um die Leute zu bewegen, sich vom Christentum wieder abzuwenden, hüllte er sich in die Tracht eines Geistlichen, stieg auf den mächtigen Felsen an der Werra und hielt von dort aus seine Predigten.

Als er eines Tages wiedereinmal dort oben stand und die Menschen mit listigen Worten davon zu überzeugen suchte, daß das Böse in Wahrheit das wirklich Gute für sie sei, hörte das auch ein Bauer, der im Walde Holz geschlagen und sich zum Vesperbrot an den Wegrand gesetzt hatte. Ihm war die Predigt des vermeintlichen Priesters dort oben unverständlich, doch kam sie ihm seltsam vor. Schließlich erhob er sich und rief hinauf zu dem Mann im Priesterkleid:

„Herr Pfarrer, sie haben da etwas vergessen! Bei uns im Dorfe fängt jede richtige Predigt immer mit den Worten an: Im Namen des Vaters, des Sohnes und des Heiligen Geistes!“

Kaum hatte der Teufel die Namen der heiligen Dreifaltigkeit gehört, erschrak er furchtbar und sprang vor Entsetzen in die unten fließende Werra. Dort soll sich sein Pferdefuß so tief eingedrückt haben, daß der Fluß seinen Lauf änderte und die Form eines Hufeisens annahm.

Nach Kahlo 1925

Die Sage vom Hurkutstein

Zwischen Reinhausen und Bremke erstreckt sich der Reinhäuser Wald. Dort befindet sich im Klaustal ein großer Felsen, der Hurkutstein genannt wird. Er ist so auffallend, daß über ihn eine Sage entstanden ist:

In alter Zeit, als die beiden Burgen auf den Gleichen noch von Rittern bewohnt wurden, lebten auf ihnen zwei Brüder. Der Herr auf Altengleichen und seine Ehefrau waren bereits älter geworden, ohne Nachkommen zu haben, so daß der jüngere Bruder auf Neuengleichen hoffen konnte, einst Erbe ihrer Güter zu werden. Davon träumte er bereits bei Tag und Nacht und konnte es kaum abwarten, daß sein wesentlich älterer Bruder die Augen für immer schließen würde.
Da ereignete es sich aber, daß seine Frau dem Ritter auf Altengleichen doch noch einen Erben gebar. Dies Ereignis feierte man so freudig, daß man die Festmusik noch auf Neuengleichen hören konnte, und der Bruder vor Zorn über die entgangene Erbschaft keine Ruhe fand. Aber so leicht konnte und wollte er sich nicht damit abfinden, daß aus seinen Träumen keine Wirklichkeit werden sollte, und er dachte unaufhörlich darüber nach, wie er den Besitz seines Bruders doch noch an sich bringen könne.

Schließlich fiel ihm ein, daß ihm einer seiner Knechte großen Dank schuldete, da er ihm in einem Kampf einst das Leben und die Freiheit gerettet hatte. Diesen Mann ließ er zu sich kommen, erinnerte ihn daran, daß er ihm Dankbarkeit und Ergebenheit bis zu seinem Tode geschworen hatte, und forderte danach von ihm, sein Versprechen jetzt einzulösen. Dazu sagte er zu ihm:
„Auf der Burg mir gegenüber ist vor kurzer Zeit ein Knabe geboren worden, welcher verhindert, daß die Burg einst mir und meinen Nachkommen gehören

wird. Diesen Knaben sollst du mir aus dem Weg schaffen. Das fordere ich jetzt als Dank von dir dafür, daß ich dir einst das Leben rettete!"

Den Knecht grauste es, als er die Worte seines Herrn vernahm, doch glaubte er, erfüllen zu müssen, was er geschworen hatte. Als Weihnachten herangekommen war und der Ritter von Altengleichen mit seiner Frau in die Klosterkirche zu Reichenau zur Messe gegangen war, schlich sich der Knecht, gekleidet in eine Mönchskutte, in ihre Burg, ergriff in einem unbewachten Augenblick den Knaben und entführte ihn in den dichten Reinhäuser Wald, wo er das Kind seinem Schicksal überließ. Über seine böse Tat war der Knecht danach aber so verzweifelt, daß er nicht nach Neuengleichen zurückkehren mochte.

Aber auch in der Fremde ließ ihm sein Gewissen keine Ruhe, so daß er nach einiger Zeit in die Heimat zurückkam, im Kloster Reinhausen seine schwere Schuld beichtete und den Abt des Klosters bat, ihn als Mönch aufzunehmen, damit er hier für seine schlimme Tat büßen könne. Aber der Abt hielt dies als Strafe nicht für ausreichend, sondern gab dem Sünder die Weisung, als Einsiedler einsam im Walde zu leben.

Der Knecht tat danach, wie es ihm befohlen worden war, und suchte sich im Reinhäuser Wald, der dem Kloster gehörte, einen hohen Felsen, von dem aus er die beiden Burgen Gleichen sehen konnte. Dort erweiterte er eine Felsenspalte zu einer Höhle, die ihm Schutz vor Unwetter bieten sollte. Doch war diese Behausung nicht größer, als daß er darin liegen oder hocken konnte. Die tägliche Nahrung suchte er sich im Wald und trank aus einer nahegelegenen Quelle. In eine Felswand meißelte er dann ein Kreuz, um davor seine Andacht zu verrichten. Eine steinerne Bank daneben diente zum Ausruhen.

Als es Winter geworden war, war dem Einsiedler bereits ein voller Bart und langes Haupthaar gewachsen. Auch war sein Gesicht durch Wind und Wetter

gegerbt und so verändert, daß ihn niemand mehr erkennen konnte. Da wagte er es, in die umliegenden Dörfer zu gehen, dort alten Leuten behilflich zu sein und Kranke zu pflegen, denen er Getränke aus heilkräftigen Kräutern brachte, die er im Walde gesucht hatte. Auch führte er manchen verirrten Wanderer wieder auf den rechten Weg. Am freundlichsten und hilfreichsten aber war er gegenüber den Kindern. Als Dank erhielt der Eremit von den Leuten die Nahrung, mit der er den Winter überstehen konnte. Da niemand seinen wirklichen Namen erfuhr, nannte man ihn einfach den Hurker, da er häufig hockend, oder wie man sagte ‚hurkend', in seiner Höhle angetroffen worden war.

Oft saß der Einsiedler auf der Höhe des Felsens und schaute nach den Burgen, wo sein Schicksal begonnen hatte, und da er an dieser Stelle sein Ende finden wollte, meißelte und grub er eine Vertiefung in das Gestein des Felsens, die einst sein Totenbett sein sollte.

So vergingen manche Jahre, in denen sich die Bewohner der Dörfer an den hilfreichen Eremiten gewöhnt hatten, bis er eines Tages ausblieb. Da gingen einige Holzfäller aus Reinhausen ins Klaustal und fanden den Einsiedler auf dem Felsen in seinem selbstgegrabenen Grab tot daliegen.

Die Höhle, das Kreuz an der Felswand, die Grabmulde auf dem Felsen und auch die Steinbank konnte man noch lange Zeit hindurch vorfinden. Den großen Felsen nannte man später nach dem Hurker ,,Hurkutstein', und zum beweis, daß hier wirklich einst ein Klausner gelebt hat, heißt das Tal noch heute das ‚Klaustal'.

Nach August Tecklenburg

Die beiden Gleichen

Über die Entstehungsgeschichte der Burgen Alten- und Neuengleichen ist nichts bekannt. Es wurde früher angenommen, daß Grafen von Gleichen im elften und zwölften Jahrhundert Herren der beiden Schlösser gewesen, sie aber wegen Räuberei von dort vertrieben worden seien und sich in Thüringen niedergelassen hätten. Neuere Forschungen haben jedoch ergeben, daß die Thüringer Grafen von Gleichen niemals im Besitz der zwei Burgen im Göttinger Land gewesen sind. Als sich ein Graf von Tonna um 1162 „Graf von Gleichen“ nannte, bezog sich dieser Name auf die Gleichen bei Arnstadt in Thüringen.

In einer Urkunde des Klosters Reinhausen werden die Göttinger Gleichen erstmals erst gegen Ende des elften Jahrhunderts erwähnt. Sie waren zu jener Zeit im Besitz der Grafen von Reinhausen und Gleichen, welche Gaugrafen im Leinetal waren. Der Abt Reinhard berichtet, daß die beiden Ritter Eziko und Elle die Schlösser Reinhausen und Gleichen bewohnt haben. Danach brachte ein gewisser Bruno von Gellingehusen die beiden Gleichen Mitte des zwölften Jahrhunderts in seinen Besitz, wurde aber von Heinrich dem Löwen von dort vertrieben.

Aus dem Jahre 1209 ist überliefert, daß Kaiser Otto IV. Eigentümer der Burgen war. Um 1239 gehörten sie dann wahrscheinlich Otto dem Kind. Im Jahre 1262 verpfändeten die Brüder Hermann III. und Ernst V., die sich „in Lichen“ nannten, den Zehnten von Vernawahlshausen dem Kloster Lippoldsberg. Erst 1277 nennt sich Ernst nicht mehr „in Lichen“ (in Gleichen) sondern von Uslar. Demnach müssen die Herren von Uslar zwischen 1269 und 1277 Eigentumsrecht an den Schlössern erhalten haben. Sie waren danach über Jahrhunderte Besitzer der beiden Gleichen.

Im Jahre 1451 verkauften Ernst und Hans von Uslar die Burgen Gleichen und die dazugehörigen Besitzungen an Ludwig I., den Friedfertigen, von Hessen, der sie Heinrich von Bodenhausen zu Lehen gab. Altengleichen soll bis 1555, Neuengleichen bis 1575 bewohnt worden sein.

Einer Sage nach gab es in der Familie derer von Uslar zwei Hauptzweige. Als da einst ein Erbfall eingetreten war, mußte eine Aufteilung der Güter vorgenommen werden. Dabei erhielt einer der Erben das alte Haus Gleichen mit drei Vierteln aller Besitzungen, der andere zusammen mit Neuengleichen nur ein Viertel. Dies führte, da sich der Herr von Neuengleichen ungerecht behandelt fühlte, zu heftiger Feindschaft zwischen den beiden Familien. Der Haß der Ritter auf den gegenüberliegenden Burgen wurde im Laufe der Zeit so groß, daß sie einander nach dem Leben trachteten. Als sie sich dann eines Tages zufällig auf der Jagd im Walde begegneten, ergriffen beide gleichzeitig ihre Jagdspeere, schleuderten sie gegeneinander und trafen auch, so daß sie tot zu Boden sanken.

Dem vorangegangenen geschichtlichem Rückblick entsprechend, bezieht sich die folgende Sage vom Grafen von Gleichen nicht auf die bei Göttingen gelegenen Burgen sondern auf das Grafengeschlecht derer von Gleichen im Thüringer Land. Noch heute ist im Kloster zu Erfurt ein Grabstein zu sehen, unter dem der Graf und seine beiden Ehefrauen angeblich beerdigt sind.

Dennoch soll diese Sage hier erzählt werden. Sie ist sogar später nach Pyrmont gewandert, als die Thüringer Grafen von Gleichen im Jahre 1583 die Grafschaft Pyrmont geerbt hatten. Doch ist sie dort danach so verändert worden, daß es ein Pyrmonter Graf gewesen sein soll, der von einem Kreuzzug eine Sultanstochter nach Hause brachte. Als Beweis für die dann folgende Ehe zu dritt wird auch jetzt noch dem Besucher des Pyrmonter Schlosses die „große Bettstelle“ gezeigt, welche 2,70 Meter lang und 2,50 Meter breit ist.

Der Graf von Gleichen

Im Jahre 1187 hatten die Sarazenen unter der Führung des Sultans Saladin Jerusalem erobert. Da rief der Papst erneut zum Kreuzzug auf, um die heilige Stadt für die Christenheit zurückzugewinnen. Bei diesem Zuge entschloß sich Kaiser Friedrich Barbarossa, selbst die Führung des zu Lande in den Orient ziehenden Heeres zu übernehmen. Doch wie die vorhergehenden, verlief auch dieser Kreuzzug glücklos, und bereits vor Erreichen des Heiligen Landes ertrank der Kaiser im Flusse Saleph in Kleinasien.

Wie die Sage berichtet, hatten sich in der allgemeinen Begeisterung auch ein Graf von Gleichen und sein Freund, der Graf von Schwalenberg, entschlossen, mit ihrem Gefolge am Kampf um die Befreiung Palästinas von den Ungläubigen teilzunehmen. Von Seuchen verschont, denen schon viele Ritter auf dem langen Wege zum Opfer gefallen waren, erreichten sie Palästina und nahmen an der Eroberung der Festung Akka teil. Als sie danach aber wieder auf dem Heimweg waren, wurden sie in Kleinasien von Seldschuken überfallen und nach tapferer Gegenwehr von der Übermacht gefangengenommen. Dabei hatte der Graf von Gleichen das Glück, nicht verletzt worden zu sein und später als Sklave in den Dienst des Sultans zu kommen, wo er Gartenarbeit zu verrichten hatte.

Der Graf, der ein schöner und stattlicher Mann war, fiel der Tochter des Sultans, die Halefa hieß, bei ihren Spaziergängen im Garten bald auf. Beide begegneten sich immer wieder und kamen schließlich miteinander ins Gespräch. Aus der Bekanntschaft enstand im Laufe der Zeit Liebe und danach der Plan zu gemeinsamer Flucht. Listig gelang es Halefa, den Kapitän eines seetüchtigen Schiffes mit viel Gold zu bestechen, und in einer finsteren Nacht verließ sie mit ihrem Geliebten die Küste.

Über Cypern und Kreta gelangten sie schließlich nach Italien. Auf der langen Seereise hatten Halefa und der Graf viel Zeit, über ihren unterschiedlichen Glauben zu sprechen, und als sie in Rom angekommen waren, war Halefa bereit, sich taufen zu lassen. Diese Taufe soll dann vom Papst selber vorgenommen worden sein.

Danach reiste der Graf von Gleichen zusammen mit der Sultanstochter weiter über die Alpen in seine Heimat, wo er auf der Burg Gleichen von seiner Frau Elenika freudig empfangen wurde, denn sie hatte längst gefürchtet, ihren Mann niemals wiederzusehen. Doch wie erschrak sie, als sie in seiner Begleitung die schöne Orientalin sah. Da erzählte ihr der Graf von der wagemutigen Tat Halefas, der er seine Freiheit und Heimkehr zu verdanken hatte, und bat seine Frau, sie bei sich im Schlosse aufzunehmen, denn in ihre Heimat könne Halefa niemals wieder zurückkehren, da sie dort eine schlimme Strafe vielleicht sogar den Tod zu erwarten habe. Da geschah es, daß die Dankbarkeit für die Rettung ihres Mannes größer war als die Eifersucht, und Elenika war schließlich sogar damit einverstanden, daß Halefa neben ihr die zweite Frau des Grafen wurde.

Nach Chr. Voigt 1882

Die Hexe von Wulften

In einer Hütte am Rande des Dorfes Wulften lebte einst eine alte Frau mit Namen Hobein. Sie tat ihren Nachbarn weder Gutes noch Böses, und niemand konnte ihr etwas Unrechtes nachsagen, bis es plötzlich im ganzen Orte hieß, sie sei eine Hexe, die Zauberei triebe und mit dem Teufel im Bunde sei. Da dauerte es nur kurze Zeit, bis sie ergriffen wurde, und man sie vor Gericht stellte.

Als der Frau bewußt wurde, daß man ihren Worten keinen Glauben schenkte und ihre Beteuerungen nichts halfen, ihr vielmehr der Tod auf dem Scheiterhaufen drohte, schickte sie nach ihrem Sohn, der bei den Soldaten war, und bat ihn dringend um Hilfe. Der bekam auch sofort Urlaub, bestieg sein Pferd und ritt so schnell, wie das Pferd konnte, nach Wulften.

Doch die Richter waren noch schneller gewesen, und der Sohn kam erst an, als der Holzstoß, auf dem seine Mutter festgebunden war, eben angezündet wurde. Unter lautem Protest versuchte der Sohn mit gezogenem Säbel seine Mutter zu befreien. Doch wurde er von der Übermacht vom Pferde gerissen und überwältigt. Danach erzählte man ihm, warum seine Mutter verurteilt worden war und bestraft werden sollte. Da war er sofort bereit, wieder fortzureiten und rief seiner Mutter zu: ,,Wie hätte ich jemals glauben können, daß ich eine so schlechte Mutter habe, die dem Teufel dient!“

Da antwortete die Frau, welche vor Rauch und Hitze kaum noch sprechen konnte: ,,Nein, das ist nicht wahr! Eine gute Mutter hattest du, die dich das Hexen nicht lehren wollte, wie es der Teufel von ihr verlangte. Um mich dennoch gefügig zu machen, hat er mich in jeder Nacht von elf bis zwölf Uhr ausgepeitscht. Als er mich auch dadurch nicht zwingen konnte, ihm deine Seele zu verschaffen, hat er sich von mir abgewandt und mich an die Bauern und Pfaffen verraten!“

Nachdem die Mutter auf dem Scheiterhaufen diese Worte mit letzter Kraft gesprochen hatte, verlor sie das Bewußtsein und starb. Der Sohn aber ritt verwirrt und entsetzt zu seiner Truppe zurück.

Nach Schambach und Müller 1854

Kunigunde von der Bomeneburg

Zwischen Northeim und Gesundbrunnen gibt es einen Ort, der Bomeneburg heißt. Hier wohnte in alter Zeit, als die Germanen eben zum Christentum bekehrt worden waren, ein Graf, der eine Tochter mit Namen Kunigunde hatte. Während die übrige Grafenfamilie längst zum Christentum übergetreten war, wollte Kunigunde immer noch nichts von der neuen Lehre wissen, sondern ging weiterhin heimlich zu der alten heiligen Stätte auf dem Retoberg, um Odin und anderen heidnischen Göttern zu opfern.

Da Kunigunde von besonderer Schönheit war, kamen aus weiter Umgebung viele Ritter auf die Bomeneburg und hielten um ihre Hand an. Aber weil sie alle Christen waren, wurden sie von ihr abgewiesen, denn Kunigunde wollte nur einen Heiden zum Ehemann nehmen.

Eines Tages aber ritt ein hochgewachsener, fremder Ritter auf einem Rappen durch das Burgtor und fragte die Grafentochter, ob sie seine Frau werden wolle. Da sie zufällig gesehen hatte, wie der Fremde vor einem Kreuze ausgespien und sich mit Abscheu abgewandt hatte, es auch ablehnte, sich christlich trauen zu lassen, war sie sicher, daß er ein echter Heide sei, und gab ihm ihr Jawort, obgleich ihre Eltern ihr dringend davon abrieten.

So kam der Tag, an dem das Paar nach heidnischem Brauch getraut werden wollte. Aber zur vereinbarten Stunde kam der Bräutigam nicht, und so saß die Braut festlich geschmückt den ganzen Tag über in ihrem Zimmer und weinte vor Scham und Enttäuschung. Da erhob sich, als es Abend wurde, ein furchtbarer Sturm. Der Himmel bezog sich mit schwarzen Wolken, Blitze zuckten und Donnerschläge krachten ohne Pause, daß allen auf der Burg angst und bange wurde. Plötzlich fuhr der fremde Ritter in schwarzer Rüstung zum

Fenster herein, packte die Braut, die sich verzweifelt wehrte, und schleppte sie mit sich in die Finsternis. Es heißt, daß Kunigunde danach von niemandem wieder gesehen worden sei.

Diejenigen, welche auf der Burg alles mit angesehen hatten, sagten später, der Fremde sei bestimmt der Teufel selber gewesen und er habe Kunigunde zum Retoberg gebracht, in dem sie nun für alle Ewigkeit bleiben müsse. Später aber hieß es, daß sie doch einmal im Jahr den Berg verlassen dürfe. Das sei in der Osternacht, in der sie dann an die Rhume ginge, um sich zu waschen. Ein Mädchen, das sich dort dann nach ihr wäscht, soll dadurch zu großer Schönheit gelangen.

Nach August Tecklenburg

Der Wechselbalg

In Wulften wohnte einst ein Leineweber mit seiner Frau und einem Knaben im Alter von eineinhalb Jahren. Als die Frau einmal einiger Besorgungen wegen nach Osterode gehen mußte, nahm sie ihr Söhnchen in einer Kiepe auf dem Rücken mit sich. Als sie dicht vor Schwiegershausen angekommen war, stand plötzlich ein kleines Männchen am Wegesrand, das ihr nicht einmal einen guten Tag wünschte. Doch als sie eben an ihm vorbeigegangen war, nahm ihr der Gnom, ohne daß sie etwas davon bemerkte, ihr Kind aus der Kiepe und setzte dafür einen Zwerg dort hinein.

Mit der Zeit fühlte die Leinewebersfrau, daß das Gewicht ihrer Kiepe zugenommen hatte. Auch fiel ihr auf, daß ihr Kind, welches doch bereits sprechen konnte, ihr auf Fragen keine Antwort gab. Als sie sich dann endlich umsah, erblickte sie den dicken Kopf eines Zwerges, und ihr wurde zur Gewißheit, daß ihr Sohn gegen einen Wechselbalg ausgetauscht worden war, was ihr in Osterode auch von einem Arzt bestätigt wurde.

So ging die Mutter mit dem Zwerg in der Kiepe traurig weinend nach Wulften zurück und war über den Verlust ihres Kindes untröstlich. Danach blieb der Zwerg während mehrerer Jahre bei ihr, sprach aber kein einziges Wort. Dabei hatte er stets guten Hunger, wurde aber um nichts größer und machte ihr nicht die geringste Freude. Schließlich wandte sich die Frau in ihrer Not an ihren Nachbarn, den Schulmeister Hesse, um Rat. Der galt als ein kluger Mann, welcher sich auch in ungewöhnlichen Dingen gut auskannte. Er nahm also ein uraltes, vergilbtes Buch zur Hand, blätterte und las lange darin. Danach gab er der Frau den Rat, den Wechselbalg auf den kalten Küchenherd zu setzen und dann in zwei Eierschalen vom Brunnen her Wasser zum Brauen zu holen. Danach würde der Zwerg bestimmt zu sprechen beginnen, und wenn er geredet

hätte, sei der Bann gebrochen, die anderen Zwerge würden ihn holen und ihr das eigene Kind zurückgeben müssen.

Die Frau machte alles so, wie ihr der Schulmeister geraten hatte, wobei ihr der Gnom auf dem Herd zusah und vor Verwunderung seinen dicken Kopf schüttelte. Dann hielt er es nicht mehr aus, machte den Mund auf und sagte: ,,Da bin ich doch so alt wie der Thüringer Wald geworden; aber ich habe noch nie erlebt, daß Wasser in Eierschalen zum Brauen getragen wurde.“ Als eingetreten war, was der Lehrer vorhergesagt hatte, hob die Frau den Zwerg wieder vom Herd und stellte ihn zurück auf den Fußboden der Küche, doch wartete sie danach vergebens, daß er abgeholt würde.

Als der Tag sich wieder jährte, an dem ihr Kind vertauscht worden war, tat sie den Wechselbalg in ihre Kiepe und ging mit ihm auf dem Rücken wie einst nach Osterode. Da sah sie an der gleichen Stelle vor Schwiegershausen, wo damals ihr Kind vertauscht worden war, denselben Zwerg stehen, dem sie damals begegnet war. Der redete den Wicht in der Kiepe sofort mit heftigen Worten an: ,,Hast du denn vielleicht geschwatzt?“ ,,Ja, das tat ich,“ antwortete der. ,,Die Frau machte so närrisches Zeug, daß ich reden mußte.“

Daraufhin wurde, ohne daß die Mutter etwas davon bemerkte, der Wechselbalg aus der Kiepe gehoben und gegen ihr rechtes Kind ausgetauscht. Nun hatte ihr der Nachbar dringend geraten, daß sie sich ja nicht umdrehen dürfe und immer ruhig weiter nach Osterode und dann erst zurück nach Wulften gehen solle. Das tat die Frau auch, und zu Hause angekommen, konnte die glückliche Mutter wirklich ihr rechtes Kind aus der Kiepe heben.

Natürlich wollten Mutter und Vater nun wissen, wie es ihrem Kind bei den Zwergen ergangen war, und da erzählte ihnen der Knabe:

„Als Mutter mit mir damals nach Osterode ging, hat mich ein kleines Männchen aus der Kiepe von ihrem Rücken genommen und ist mit mir zu einem Berg gegangen. Dort pflückte es eine wunderschöne Blume und hielt sie vor den Berg, der sich daraufhin öffnete. Nachdem wir hineingegangen waren, sah ich noch viele andere Zwerge, die dort ihre Arbeit verrichteten. Bisweilen kam auch ein weiterer Zwerg in den Berg, der dann stets eine Blume in der Hand hielt, die von einem anderen beim Verlassen der Höhle mitgenommen wurde. Alle Zwerge sind stets gut zu mir gewesen und haben mir immer reichlich zu essen gegeben. Aber zuletzt waren sie mit einem Mal alle sehr traurig, und als ich sie nach der Ursache ihres Kummers fragte, antworteten sie, daß sie mich nun wieder zu meinen Eltern zurücklassen müßten, und das sei für sie ein großes Unglück. Aber wenn es auch im Berge bei den Zwergen recht schön für mich war, freue ich mich doch, daß ich jetzt wieder bei euch sein kann."

So waren alle glücklich, daß alles ein gutes Ende gefunden hatte.

Nach Schambach und Müller 1884

Weissagung am Andreastag

Auf einem Bauernhof in Hattorf diente seit einigen Jahren eine Magd, die den Haushalt fleißig und gewissenhaft versah, die Kinder versorgte und darüberhinaus die kranke Bäuerin pflegte. Mit der Zeit waren die beiden Frauen zu Freundinnen geworden, die an langen Winterabenden, wenn alle Arbeit getan war, in der Stube beieinander saßen, besprachen, was am nächsten Tage zu tun sei, und einander allerlei erzählten.

Als der Andreasabend gekommen war, fragte die Bauersfrau die Magd, ob ihr bekannt sei, daß sie in dieser Nacht erfahren könne, wer ihr zukünftiger Ehemann sein werde. Als die Magd dies verneinte und meinte, daß sie auch gar nicht neugierig darauf sei, erklärte es ihr die Bäuerin dennoch und redete ihr zu, daß sie es doch ruhig einmal versuchen solle, denn es sei ganz einfach. Sie müsse nur um Mitternacht splitternackt vor die Feuerstelle treten und in den Schornstein hochschauen. Dort könne sie dann ihren Zukünftigen erblicken. Sollte er aber dort nicht zu sehen sein, würde er bestimmt im Ofenloch sitzen. Falls sie bereits heimlich verlobt sei, würde sie erkennen können, ob auch eine Hochzeit folgen würde. In diesem Fall hoffe sie aber, daß die Magd keinen Toten zu sehen bekäme, da ihr Bräutigam dann vor der Hochzeit sterben würde.

Was sie da erfahren hatte, ließ die Magd bis zur Mitternacht nicht schlafen. Dann war die Neugier so groß geworden, daß sie aufstand, das Nachthemd abstreifte und in die Küche zur Feuerstelle ging. Doch als sie in den Schornstein blickte, war der schwarz und leer. Da leuchtete sie mit einer Kerze ins Ofenloch und sah darin zu ihrem Schreck den Bauern sitzen, der sie anstarrte.

Da lief die Magd vor Scham und Entsetzen davon und erzählte es am nächsten Tage der Bauersfrau. Nachdem diese sich alles angehört hatte, sah sie das Mädchen traurig an und sprach unter Tränen:

„Dann muß ich noch in diesem Jahre sterben. Ich bitte dich, sorge gut für meine Kinder und mach ihn glücklich!“

So ist es dann auch wirklich geschehen. Ein halbes Jahr später starb die Bäuerin, und kurze Zeit danach heiratete der Bauer seine Magd.

Nach Schambach und Müller 1854

Sagen um das Eichsfelder Tor

Das Eichsfelder Tor, auch Porta Eichsfeldica genannt, wird von der Felswand des Ohmberges und dem Sonnenstein gebildet. Es ist eine weitklaffende Schlucht, die sich hinter dem Dorfe Holungen öffnet. Durch sie führt die alte Straße von Nordhausen nach Duderstadt.

Hier befindet sich ein Hügel, der, was hier ungewöhnlich ist, aus Sand besteht. Er wird Zuckerhut, Brune Büdel oder auch Riesenhügel genannt. Von ihm werden allerlei sagenhafte Geschichten erzählt.

So soll es einst in dieser Gegend einen Riesen gegeben haben, den nach langer Wanderung die Schuhe drückten, woraufhin er sie auszog und den Sand, der sich darin gesammelt hatte, hier ausschüttete, woraus dann der Riesenhügel entstand.

Da diese Geschichte aus alter, heidnischer Zeit stammt, fanden die Mönche von Gerode eine ihrem Glauben gemäßere Deutung und können diese sogar aus der Chronik ihres Klosters beweisen. Danach soll der Zuckerhut dadurch entstanden sein, daß einstmals, als der Himmel ausgefegt wurde, dort ein Loch entstanden und versehentlich durch dieses aller Staub hindurchgefallen sei. Der habe diesen Hügel gebildet.

Im Dorfe Breme erzählt man, daß die Bewohner der Gegend in vorchristlicher Zeit auf dem ‚Brune Büdel‘ einen Gott mit Namen Breme verehrt und ihm dort oben einen Altar errichtet hätten. Man könne das noch jetzt genau erkennen, denn, nachdem der Altar durch christliche Missionare entfernt worden war, sei hier eine Vertiefung bestehen geblieben, in der danach weder Busch noch Baum habe wachsen wollen.

Aus Grasefast wird berichtet, daß die dortigen Einwohner einst in der Gegend des Eichsfelder Tores nach Schätzen gegraben hätten. Dabei seien sie auf den Eingang zu einer Höhle gestoßen. Als das im Dorfe bekannt wurde, habe der Älteste im Dorf die Schatzgräber beschworen, das Loch sofort wieder zu verschließen, da einst bei einer Pestepidemie dort die Leichen vergraben worden seien und man fürchten müsse, daß durch den Pesthauch die schlimme Seuche erneut ausbrechen könne. Diesem Rat soll man dann auch gefolgt sein.

Nach Chr. Voigt 1882

Die Namen von Duderstadt und Münden

Wenn man zu erzählen beginnt, wie der Sage nach mancher Ort zu seinem Namen gekommen ist, möchte man anfangen: ,,Dat is ja man lögenhaft to vertellen, aber wahr is et doch . . . . "

So ergeht es einem auch mit den Namen der Städte Duderstadt und Münden. Bei der Stadt im Eichsfeld konnten sich die Erbauer, nachdem sie mit ihrer Arbeit fertig geworden waren, angeblich nicht einig werden, wer die Stadt taufen solle, und einer gab die Aufforderung dazu an den Nächsten weiter. Bald hörte man dann reihum sagen: ,,Gib du der Stadt den Namen!" ,,Nein, gib du der Stadt den Namen!" und so weiter. Nachdem das eine Zeitlang gegangen war, klang allen Zuhörern nur noch ,,du der Stadt" in den Ohren, bis ein Junge aus der Menge rief: ,,Dann nennt sie doch Duderstadt!" Offenbar ist danach niemandem etwas Besseres eingefallen, so daß es bei diesem Namen bis heute geblieben ist.

In Münden soll es hingegen ganz anders gewesen sein. Hier hatten zwei Ritter, wo Werra und Fulda zusammenfließen, eine Siedlung gegründet. Da sie Brüder waren und in Eintracht beschlossen hatten, daß der Ort beiden gehören solle und es zwischen ihnen ein ,,Mein und Dein" nicht geben dürfe, nannten sie die Ansiedlung ,,Mün-Dün", woraus dann im Laufe der Zeit der Name Münden geworden sein soll.

Nach Kuhn, Schwarz und Weichelt

Otto der Quade

Nahe bei dem einstigen Nikolausberger Tor befand sich einst innerhalb der Stadtmauern von Göttingen ein großes, festes Schloß, das von Herzog Albrecht dem Feisten im dreizehnten Jahrhundert erbaut worden war. Es trug den Namen Ballraus oder auch Ballruz.

In diesem Schlosse residierte etwa hundert Jahre später Otto der Quade, Herzog von Braunschweig, auch Herzog von der Leine genannt. Seinem Charakter entsprechend hieß er jedoch auch noch ‚der Streitsüchtige'. Andere nannten ihn sogar ‚Malus', den ‚Schlechten'. Ihm ist es zuzuschreiben, daß die Bürger von Göttingen und die Einwohner der Umgebung eine lange, unruhige Zeit durchzustehen hatten. Es genügte ihm nicht, seine Streitlust in Fehden mit seinen adligen Nachbarn zu befriedigen, er überfiel auch zusammen mit anderen Raubrittern die Kaufleute von Nordhausen, Erfurt, Mühlhausen, Heiligenstadt und Witzenhausen. Auf der Burg Hanstein wurde nach den Raubzügen die Beute geteilt und der Gewinn durch Trinkgelage gefeiert.

Otto und die anderen Räuber trieben es so schlimm, daß sich die betroffenen Städte schließlich an den Grafen Heinrich IV. von Hohnstein wandten, der zu jener Zeit kaiserlicher Vogt der Gegend war, und ihn um Abhilfe baten. Diese wurde den Städtern aber erst zugesagt, nachdem Herzog Otto dem Grafen gegenüber feierlich zugesichert hatte, sich von seinen Raubgenossen zu trennen und ihnen keine Hilfe zu leisten.

Danach griff Graf Heinrich mit Unterstützung der betroffenen Städte die Burg Hanstein an und belagerte sie, da sie im Sturm nicht einzunehmen war. Nachdem die Belagerer die Burg eingeschlossen hatten und die Besatzung in aller Ruhe aushungern und so zur Übergabe zwingen wollten, griff Otto mit einem Heer plötzlich die Ahnungslosen an, tötete viele von ihnen und machte andere zu Gefangenen, welche er nach den Schlössern seiner Kumpanen in Münden, Brakenburg und Friedland bringen ließ. Dieses schändlichen Wortbruchs wegen wurde danach Otto vom Erzbischof von Mainz in den Bann der Kirche getan. Doch weder der Bann noch die Verachtung durch diejenigen, welche etwas von Ritterehre und Treue hielten, machten ihm etwas aus.

Daß Herzog Otto jede kleinste Gelegenheit benutzte, einen Streit vom Zaune zu brechen, zeigt die folgende Begebenheit:

Eines Tages kam ein reisiger Knecht zu ihm und beklagte sich, daß er vom Grafen von Wernigerode gescholten worden sei. Das genügte Otto als Anlaß, ein Heer zu sammeln und von Göttingen nach der Harzburg zu ziehen, sie zu erstürmen und die Besatzung gefangen zu nehmen.

Nun war zu der Zeit Bischof Gerhard von Hildesheim sehr bemüht, den räuberischen Rittern der Gegend ihr Geschäft zu verderben, weshalb er gerade das Schloß Walmoden belagerte. Doch als er von Ottos Tat erfuhr, beendete er die Belagerung sofort und zog gegen die von Ottos Reisigen besetzte Harzburg. Auf dem Wege dorthin traf er auf eine lange Wagenkolonne, die Verpflegung nach Harzburg bringen sollte. Sofort ließ er die begleitenden Knechte ergreifen, brachte die Vorräte in seinen Besitz und dachte nun, die neue Besatzung der Harzburg leicht aushungern zu können. Aber er hatte nicht mit der List und Schnelligkeit seines Gegners gerechnet; denn Herzog Otto brach jetzt in das Hildesheimer Stift ein, erstürmte die Stadt Alfeld und gab sie erst wieder an den Bischof zurück, nachdem dieser die Belagerung der Harzburger aufgehoben und der Besatzung die beschlagnahmten Lebensmittel zurückgegeben hatte.

Nachdem diese Fehde kaum beendet war, begann gleich ein neuer Streit mit dem Landgrafen von Thüringen:

Der bereits recht alte Landgraf von Hessen, Heinrich der Eiserne, war ohne männliche Nachkommen geblieben und wollte seinen Nachfolger bestimmen. Seine Tochter Jutta war die Mutter von Otto dem Quaden, und demnach war Otto der Großsohn des Landgrafen. Als Nachfolger kam aber auch Hermann von Thüringen in Frage, welcher der Sohn von Heinrichs Bruder Ludwig, also sein Neffe war. Da Hermann von Thüringen Domherr zu Magdeburg war und bisher mehr Interesse für geistliche Dinge bewiesen hatte, wollte Landgraf Heinrich das Hessenland lieber seinem Großsohn Otto als Erbe vermachen. Daher ließ er ihn in seine Residenz nach Kassel kommen, um dort die Angelegenheit zu regeln.

Einer Sage nach geschah es auf einer Jagd, daß der stets ungeduldige Herzog Otto, der es nicht abwarten konnte, die Landgrafschaft Hessen zu besitzen, zu seinem Begleiter sagte: ,,Wären nur erst zwei Augen tot, so käme ich aus aller Not und würde eine reicher Fürst sein.“

Das hörte auch ein hessischer Ritter und erwiderte Otto empört: ,,Herr, für dieses Wort möge euch der Teufel lohnen, und Gott behüte uns unseren alten Herrn noch recht lange!“

Auch dem Landgrafen Heinrich wurde hinterbracht, daß sein Großsohn ihm den Tod gewünscht hatte und er rief daraufhin voll Zorn: ,,So wahr mir die heilige Eliesabeth helfen möge, diese Worte sollen den Sohn meiner Tochter mein Land kosten!“

So mußte Otto der Quade unverrichteter Dinge Kassel verlassen und Hermann von Thüringen wurde der Nachfolger von Heinrich dem Eisernen.

Herzog Otto, der deswegen bitter enttäuscht war, sann darüber nach, wie er die Landgrafschaft Hessen dennoch in seinen Besitz bringen könne. Ohne Bundesgenossen wagte er es jedoch nicht, den offenen Kampf gegen den

Landgrafen aufzunehmen. Aber im Laufe der Zeit hatte er sich mit allen benachbarten weltlichen und geistlichen Landesherren zerstritten, und die Bürger der Städte trauten ihm schon lange nicht mehr. Da blieben nur noch die Ritter übrig, die verstreut auf ihren Burgen im Lande saßen, an die er sich um Hilfe wenden konnte, und um auch in Hessen sein Ziel zu erreichen, verheiratete er seine Schwester mit dem Grafen von Ziegenhain. In Franken, Westfalen und Sachsen warb Ottos Freund Hans von Heringen unter der Ritterschaft, bis ein Bund entstanden war, der nahezu zweitausend Mitglieder hatte und sich nach dem Stern im Wappen des Grafen von Ziegenhain ‚Sterner' nannte.

Mit dieser Streitmacht fühlte sich Otto stark genug, den Krieg gegen den Landgrafen von Hessen zu beginnen, und er fiel raubend und brennend in sein Land ein. Als Landgraf Hermann sich nicht nur von außen sondern auch von seinen Vasallen angegriffen sah, wandte er sich um Hilfe an seinen Verwandten, den Landgrafen von Thüringen, und erhielt gegen den Abschluß eines Erbvertrages die Zusicherung zu einem Bündnis. Danach dauerten die Kämpfe noch einige Zeit, bis Otto einsehen mußte, daß er der Übermacht der beiden Landgrafen nicht gewachsen war, und Frieden schließen mußte. Doch vorher wurde die Stadt Dransfeld noch Opfer der Flammen. Als Entschädigung für erlittenes Unrecht mußte Herzog Otto die Grafschaft Sichelstein an den Landgrafen von Hessen abtreten.

Im Jahre 1375 brachte sich Otto der Schlechte, wie er inzwischen von vielen genannt wurde, in den Besitz des Schlosses von Hardegsen. Das geschah infolge eines tödlich ausgegangenen Streites zwischen zwei Brüdern:

Ludwig von Rosdorf, der Besitzer der Burg Hardegsen, hatte drei Söhne, von denen die beiden älteren erbittert verfeindet waren. Schließlich wurde es zwischen ihnen so schlimm, daß Christoph seinen Bruder Friedrich im Streit tötete. Dieses Verbrechens wegen wurde dem Herrn von Rosdorf das Anrecht auf sein Lehen abgesprochen und Herzog Otto beanspruchte es sogleich für sich. Die Bitten der Eltern, die ja völlig unschuldig am tragischen Tode ihres Sohnes waren, blieben unerhört. Da entschlossen sich Ludwigs jüngster Sohn Idan und sein Bruder Christoph zur Verteidigung ihrer Burg, setzten die Wehranlagen instand und warben Reisige an.

So gelang es ihnen zunächst, die Angriffe der Truppen des Herzogs abzuwehren. Aber als die Lage der Verteidiger immer kritischer wurde, verkleideten sich Ludwig und seine Frau als Bettler und entkamen so unerkannt durch den Ring der Belagernden. In Göttingen fanden sie danach freundliche Aufnahme, obwohl zwischen ihnen und den Bürgern der Stadt eine alte Feindschaft bestand.

Inzwischen ließ Otto die Angriffe auf die Burg Hardegsen mit aller Heftigkeit fortsetzen, wobei es seinen Leuten schließlich gelang, das Vorratsgebäude in Brand zu stecken. Da konnte sich die Besatzung nicht mehr halten und floh heimlich bei Nacht aus der Burg. Danach verlegte Herzog Otto sein Hoflager vom Schlosse Ballruz in Göttingen nach Hardegsen. Auch die Güter Harste, Gladebeck und die Hälfte von Moringen eignete Otto sich gleich mit an. Die Brüder Idan und Christoph von Rosdorf fanden wie ihre Eltern Aufnahme in Göttingen.

Da sie die Familie von Rosdorf so freundlich aufgenommen hatten, zogen sich die Göttinger den Haß ihres Landesherren so sehr zu, daß er sich in der Stadt kaum noch blicken ließ und sein Schloß Ballruz einem Vogt in Verwaltung gab. Dieser und die im Umland der Stadt wohnenden Ritter begannen nun die Göttinger zu drangsalieren, behinderten die Ackerbürger am Bestellen ihrer Felder und ließen keine Kaufleute mehr in die Stadt und aus ihr heraus.

Außerdem ließ Otto die früher zerstörte Burg Grona wieder aufbauen, um auch von hier aus Druck auf die Göttinger ausüben zu können.

Schließlich war das Maß voll; die gut bewaffneten Bürger der Stadt erstiegen in einer finsteren Nacht die Burg Grona, nahmen die Besatzung gefangen und zerstörten die Burg vollständig. Da sie aber im Kampf mit den Herzoglichen einige Reisige, die sich in die Kapelle geflüchtet hatten, vor dem Altar erschlagen hatten, wurden die Göttinger vom Erzbischof von Mainz mit dem Kirchenbann belegt, von dem sie sich danach wieder freikaufen mußten.

Herzog Otto empfand es als besondere Schande, daß die Bürger einer Stadt seines Landes es gewagt hatten, seine Burg zu zerstören. Um sie zu bestrafen, zog er mit Rittern, Knappen und allem, was er in der Eile aufbieten konnte, vor Göttingen, um die Stadt zur Übergabe zu zwingen. Bei den Belagerten entstand bald eine so schlimme Hungersnot, daß man sich nicht mehr anders zu helfen wußte, als Alte und Kranke, die zur Verteidigung nicht mehr helfen konnten und nur noch als unnütze Esser galten, aus dem Stadttor hinauszutreiben. Doch schließlich kam ein Friedensvertrag zustanden, der für beide Seiten annehmbar war, und Otto zog danach wieder in sein Schloß Ballruz in Göttingen ein.

Doch das gute Einvernehmen zwischen Fürst und Stadt dauerte nicht lange. So verlegte der Herzog seine Hofhaltung nach dem Schloß in Harste und setzte den anmaßenden Vogt Heinrich Kiphut als Verwalter des Schlosses Ballruz ein.

Als eines Tages einige Göttinger Bürger mit Greifvögeln und Hunden auf Jagd gingen, sah Kiphut darin eine Verletzung der Vorrechte des Adels und nahm die Jäger gefangen. Für ihre Freilassung verlangte er von der Stadt ein Lösegeld. Das wurde aber verweigert und stattdessen die unverzügliche

Freilassung der Mitbürger gefordert. Als diese dann auch beim Herzog nicht erreicht wurde, zogen die Göttinger im Jahre 1390 gegen das Schloß Harste, befreiten die Gefangenen und zerstörten das Schloß, und da sie nun einmal dabei waren, zerstörten sie auch gleich die festen Häuser des Herzogs in Rosdorf und Bovenden.

Das konnte Otto natürlich nicht hinnehmen. So zog er mit einer Truppe von Rittern und Knechten von Hardegsen aus, um die Göttinger in ihrem Siegesrausch zu überraschen. Aber, wie eine Sage berichtet, waren diese auf der Hut:

Um die Göttinger zu überlisten, sandte der Herzog einen seiner Diener in die Stadt, der den Auftrag hatte, dort eine Schlägerei zu beginnen, was ihm auch gelang. Wie beabsichtigt war, wurde der Friedensstörer daraufhin ergriffen, und wie es damals rechtens war, zum Tode verurteilt. Noch am selben Tage wurde der Diener dann auf den Galgenberg gebracht, wo der Strang auf ihn wartete.

Otto hatte vorausgesehen, daß die Göttinger sich das Schauspiel der Hinrichtung nicht entgehen lassen und den Verurteilten zur Richtstätte begleiten würden, wozu man üblicherweise keine Waffen mitnahm. Doch diesmal waren die Göttinger vorsichtig, da sie aus Erfahrung ihrem Landesherrn nicht trauten. Und wirklich brach, als alle auf dem Galgenberg versammelt waren, der Herzog plötzlich mit seinen Mannen aus einem nahen Walde hervor und stürmte auf die Menge ein, mit der er glaubte, leichtes Spiel zu haben, da er sie für unbewaffnet hielt. Doch da hatte er sich getäuscht. Schon nach kurzem Gefecht waren viele Ritter und Knechte getötet oder gefangen genommen, und Herzog Otto konnte sich nur durch schnelle Flucht retten. Während die Gefangenen später durch Zahlung von Lösegeld wieder freigelassen wurden, ging es dem armen Diener jedoch schlecht. Da er nicht, wie es beabsichtigt war, von den Herzoglichen befreit werden konnte, wurde das Urteil an ihm vollstreckt.

Währenddessen zog Kiphut, vom Siege des Herzogs überzeugt, mit seinen Knechten tobend durch die Stadt, drang in das Haus des Bürgermeisters ein und belästigte dessen Ehefrau. Doch der Bürgermeister erfuhr schnell davon und kam gerade noch rechtzeitig, um seine Frau zu beschützen. Voll Wut über den Bruch des Hausfriedens ergriff er eine Axt und tötete den Vogt auf der Stelle.

Als die siegreichen Bürger vom Galgenberg her vor dem Haus des Bürgermeisters eintrafen und erfuhren, was vorgefallen war, erstürmten sie voll Zorn das Schloß Ballruz, nahmen die Besatzung gefangen, brannten das Schloß nieder und vermauerten das Nikolaitor, durch das der Herzog in die Stadt zu kommen pflegte. Diesem aber teilte ein nach Hardegsen Abgesandter mit, daß zur Vergeltung für alles Übel sein Schloß zerstört und ihm für alle Zukunft das Betreten der Stadt untersagt sei. Erst als sich Otto zu einem Vertrag bereitfand, ließ man alle Gefangenen wieder frei.

Nach dieser schweren Niederlage hatte den Herzog von der Leine der Mut und die Abenteuerlust verlassen. Er war alt und krank geworden und blieb bis zu seinem Tode in seinem Schlosse zu Hardegsen. Doch über seinen Tod hinaus verfolgte ihn der Bann der Kirche, und es wurde ihm die Bestattung in geweihter Erde mit den Zeremonien der Kirche verweigert.

Durch sein unstetes abenteuerliches Leben ist Otto der Quade zu einer echten Sagengestalt für das Göttinger Land geworden.

Nach Chr. Voigt 1882

Quellenverzeichnis

Henninger, Karl und von Harten
‚Niedersachsens Sagenborn'
Verlag August Lax 1955

Klein, H. und Müller-Roguski, Teresa
‚Göttingen: Ein Lesebuch'
Husum Verlag 1986

Voigt, Christian
‚Unterhaltungsstoffe aus dem Geschichts- und Sagenkreise der Stadt Göttingen' 1882

Diederichs, Ulf und Hinze, Christa
‚Sagen aus Niedersachsen Zwischen Harz, Heide und Meer
Eugen Diederichs Verlag 1977

In ähnlicher Aufmachung sind bereits erschienen:

- Sagen und Erzählungen aus dem Tal der Emmer, der Weser und der Ilse
- Sagen und Erzählungen aus Hameln
- Sagen und Erzählungen aus dem Pyrmonter Land
  C. W. Niemeyer Verlag

- Sagen und Erzählungen aus dem Raum Aerzen
  Weserberglandforum

- Sagen und Geschichten zwischen Deister und Süntel
  Verlag Pauselius

Diese Bücher und auch die im Folgenden aufgeführten, wurden sämtlich von der Grafikerin Ilse Kollmann-Gümmer in ähnlicher Weise und zum Teil auch farbig illustriert.

Fürs Kinderherz erzählt
Frohes Herz und freier Blick
Kinderherz und Kindersinn
Saatkorn Verlag, Hamburg

Frauke, ein Schulmädchen
Brockhaus Verlag

Schneeweißchen und Rosenrot
Coppenrath Verlag, Münster

Schön ist's im Wald
Das Neue Jugendbuch
Volksbücherei Verlag, Goslar

Singt und Spielt
Physik Band I und II
Chemie Band I
Freude und Frohsinn Band I und II
Velhagen und Klasing

Der Bergmönch
Seepferdchen Verlag

Wo Pyrmonts Herz schlägt
Verlag Frieling

Manchmal singt es im Geheimen
Gruß der Sonne
Du weiße Rose
Das Lied der Amsel
Ostern in aller Welt
Wieland Soyka Verlag, Bremen

Die Puppenwäsche
Ehlermann Verlag, Dresden

Mein liebes ABC-Büchlein
Mein Lese- und Arbeitsbüchlein
Frohsang
Markus Verlag, Eupen, Belgien

Christinchens Puppe
Hauschild Verlag, Bremen

Bald nun ist Weihnachtszeit
Spiel mit!
Krümel und Dicki
Die Zauberkiste
Das Gespenst im Keller
Georg Kallmeyer Verlag, Wolfenbüttel